法律法规大字实用版系列

中华人民共和国行政复议法

·大字实用版·

法律出版社法规中心 编

北京

图书在版编目(CIP)数据

中华人民共和国行政复议法：大字实用版／法律出版社法规中心编. -- 北京：法律出版社，2023
(法律法规大字实用版系列)
ISBN 978-7-5197-7895-8

Ⅰ. ①中… Ⅱ. ①法… Ⅲ. ①行政复议-行政法-中国 Ⅳ. ①D922.112

中国国家版本馆 CIP 数据核字（2023）第 092240 号

中华人民共和国行政复议法（大字实用版）
ZHONGHUA RENMIN GONGHEGUO
XINGZHENG FUYIFA(DAZI SHIYONGBAN)

法律出版社法规中心 编

责任编辑 董 昱
装帧设计 汪奇峰

出版发行 法律出版社	开本 A5
编辑统筹 法规出版分社	印张 5.125　　字数 118 千
责任校对 张红蕊	版本 2023 年 9 月第 1 版
责任印制 耿润瑜	印次 2023 年 9 月第 1 次印刷
经　　销 新华书店	印刷 北京金康利印刷有限公司

地址：北京市丰台区莲花池西里 7 号(100073)
网址：www.lawpress.com.cn　　　　　销售电话：010-83938349
投稿邮箱：info@lawpress.com.cn　　　客服电话：010-83938350
举报盗版邮箱：jbwq@lawpress.com.cn　咨询电话：010-63939796
版权所有·侵权必究

书号：ISBN 978-7-5197-7895-8　　　　定价：22.00 元
凡购买本社图书，如有印装错误，我社负责退换。电话：010-83938349

编辑出版说明

"法者，天下之准绳也。"在法治社会，人们与其生活的社会发生的所有关系，莫不以法律为纽带和桥梁。人与人之间即是各种法律关系的总和。为帮助广大读者学法、知法、守法、用法，我们组织专业力量精心编写了"法律法规大字实用版系列"丛书。本丛书具有以下特点：

1. 专业。出版机构专业：成立于1954年的法律出版社，是全国首家法律专业出版机构，有专业的法律编辑队伍和标准的法律文本资源。内容专业：书中的名词解释、实用问答理据权威、精准专业；典型案例均来自最高人民法院、最高人民检察院发布的指导案例、典型案例以及地方法院发布的经典案例，在实践中起到指引法官"同案同判"的作用，具有很强的参考性。

2. 全面。全书以主体法为编写主线，在法条下辅之以条文主旨、名词解释、实用问答、典型案例，囊括了该条的标准理论阐释和疑难实务问题，帮助读者全面构建该条的立体化知识体系。

3. 实用。实用问答模块以一问一答的方式解答实务中的疑难问题，读者可按图索骥获取解决实务问题的答案；典型案例模块精选与条文密切相关的经典案例，在书中呈现裁判要旨，读者可按需扫描案例二维码获取案例全文。

4. 易读。采用大字排版、双色印刷，易读不累，清晰疏朗，提升了阅读体验感；波浪线标注条文重点，帮助读者精准捕捉条文要义。

书中可能尚存讹误，不当之处，尚祈读者批评指正。

法律出版社法规中心

2023 年 8 月

目 录

中华人民共和国行政复议法

第一章 总则 ………………………………………… 002
 第一条 立法目的和立法依据 ………………… 002
 第二条 适用范围 ……………………………… 002
 第三条 行政复议工作的原则 ………………… 003
 第四条 行政复议机构及职责 ………………… 003
 第五条 调解 …………………………………… 005
 第六条 行政复议人员队伍建设和管理 ……… 006
 第七条 行政复议机构和人员的保障措施 …… 007
 第八条 信息化建设 …………………………… 009
 第九条 行政复议激励措施 …………………… 009
 第十条 对复议决定不服提起诉讼 …………… 009
第二章 行政复议申请 ……………………………… 012
 第一节 行政复议范围 ………………………… 012
  第十一条 复议范围 ………………………… 012
  第十二条 复议范围的排除 ………………… 017
  第十三条 规范性文件申请附带审查 ……… 018

第二节　行政复议参加人 …… 020
  第十四条　复议申请人 …… 020
  第十五条　复议代表人 …… 023
  第十六条　复议第三人 …… 023
  第十七条　复议代理人 …… 025
  第十八条　法律援助 …… 026
  第十九条　被申请人 …… 027
第三节　申请的提出 …… 028
  第二十条　申请复议的期限 …… 028
  第二十一条　最长复议期限 …… 030
  第二十二条　复议申请方式 …… 031
  第二十三条　复议前置 …… 033
第四节　行政复议管辖 …… 034
  第二十四条　县级以上地方各级人民政府的复议管辖范围 …… 034
  第二十五条　国务院部门的复议管辖范围 …… 036
  第二十六条　对省部级机关作出行政复议决定不服的救济途径 …… 036
  第二十七条　对垂直机关、税务和国家安全机关行政行为不服的管辖 …… 037
  第二十八条　对地方人民政府司法行政部门行政行为不服的复议 …… 041
  第二十九条　复议和诉讼的选择 …… 042
第三章　行政复议受理 …… 044
  第三十条　受理条件及审查 …… 044
  第三十一条　申请材料补正 …… 048

第三十二条　对当场作出或者依据电子技术监控设备
　　　　　　记录的违法事实作出的行政处罚决定
　　　　　　不服的行政复议申请 …………………… 049

第三十三条　驳回复议申请 ………………………… 050

第三十四条　对复议前置案件不服提起行政诉讼 … 053

第三十五条　上级行政机关直接受理和责令纠正 … 053

第四章　行政复议审理 ………………………………… 054

第一节　一般规定 ……………………………………… 054

第三十六条　行政复议审理程序及保密规定 ……… 054

第三十七条　行政复议案件审理依据 ……………… 054

第三十八条　行政复议案件的提级管辖 …………… 054

第三十九条　行政复议中止 ………………………… 055

第四十条　行政复议机关无正当理由中止复议的处理 … 056

第四十一条　行政复议终止 ………………………… 056

第四十二条　行政复议不停止执行及例外情形 …… 058

第二节　行政复议证据 ………………………………… 059

第四十三条　行政复议证据种类 …………………… 059

第四十四条　举证责任分配 ………………………… 060

第四十五条　行政复议机关的调查取证权 ………… 060

第四十六条　被申请人不得自行取证与例外 ……… 061

第四十七条　申请人、第三人的查阅权 …………… 061

第三节　普通程序 ……………………………………… 062

第四十八条　行政复议申请的发送与被申请人的答复
　　　　　　和举证 ……………………………… 062

第四十九条　当面审与书面审 ……………………… 063

第五十条　行政复议听证程序 ……………………… 063

第五十一条　行政复议听证规则 …………… 064

第五十二条　行政复议委员会 ………………… 066

第四节　简易程序 ……………………………………… 067

第五十三条　行政复议简易程序的适用范围 …… 067

第五十四条　简易程序的程序性要求 …………… 067

第五十五条　简易程序与普通程序的转换 ……… 068

第五节　行政复议附带审查 …………………………… 068

第五十六条　行政复议机关对规范性文件的处理 ………… 068

第五十七条　行政复议机关依据合法性对行政行为的审查处理 ……………………… 068

第五十八条　行政复议机关处理有关规范性文件或者行政行为依据的程序 ……………… 068

第五十九条　行政复议机关对规范性文件的审查处理 …… 069

第六十条　接受转送机关对转送文件的审查处理 … 069

第五章　行政复议决定 …………………………… 070

第六十一条　行政复议决定的作出程序 ………… 070

第六十二条　行政复议决定的作出期限 ………… 071

第六十三条　变更决定 …………………………… 071

第六十四条　撤销或者部分撤销决定 …………… 071

第六十五条　确认违法决定 ……………………… 072

第六十六条　限期履行职责 ……………………… 074

第六十七条　确认无效决定 ……………………… 074

第六十八条　维持决定 …………………………… 074

第六十九条　驳回行政复议申请决定 …………… 074

第七十条　举证不能的法律后果 ………………… 075

第七十一条　行政协议履行及补偿决定 ………… 075

第七十二条　行政赔偿决定 ·· 076
　　第七十三条　行政复议调解 ·· 078
　　第七十四条　行政复议和解与撤回申请 ···················· 080
　　第七十五条　行政复议决定书 ···································· 080
　　第七十六条　行政复议意见书 ···································· 081
　　第七十七条　复议决定书、调解书、意见书的履行 ··· 081
　　第七十八条　复议决定书、调解书的强制执行 ········· 082
　　第七十九条　行政复议决定书公开与复议决定、意见书
　　　　　　　　抄告 ·· 083
第六章　法律责任 ·· 084
　　第八十条　复议机关不依法履行职责的处分 ············ 084
　　第八十一条　渎职、失职行为的法律责任 ················ 085
　　第八十二条　被申请人不提出书面答复、不提交有关材
　　　　　　　　料、干扰破坏行政复议活动的法律责任 ··· 086
　　第八十三条　被申请人不履行、拖延履行复议决定、
　　　　　　　　调解书、意见书的法律责任 ·················· 087
　　第八十四条　拒绝、阻挠调查取证的法律责任 ········· 087
　　第八十五条　行政复议机关移送违法事实材料 ········· 087
　　第八十六条　职务违法犯罪问题线索的移送 ············ 088
第七章　附则 ·· 089
　　第八十七条　行政复议不收费原则 ··························· 089
　　第八十八条　期间计算和文书送达 ··························· 089
　　第八十九条　外国人、无国籍人、外国组织的法律适用 ··· 089
　　第九十条　施行时间 ·· 089

附录一　相关法律法规

中华人民共和国行政诉讼法（2017.6.27 修正） ·············· 090
中华人民共和国行政复议法实施条例（2007.5.29） ············ 112
司法行政机关行政复议应诉工作规定（2001.6.22） ············ 126
公安机关办理行政复议案件程序规定（2002.11.2） ············ 135
＊安全生产行政复议规定（2007.10.8）
＊环境行政复议办法（2008.12.30）
＊人力资源社会保障行政复议办法（2010.3.16）
＊国家食品药品监督管理总局行政复议办法（2013.11.6）
＊中华人民共和国海关行政复议办法（2014.3.13 修正）
＊交通运输行政复议规定（2015.9.9 修正）
＊税务行政复议规则（2018.6.15 修正）
＊自然资源行政复议规定（2019.7.19）

附录二　《中华人民共和国行政复议法》新旧对照

注：标注＊的文件，请扫描二维码免费查阅。

中华人民共和国行政复议法

- 1999年4月29日第九届全国人民代表大会常务委员会第九次会议通过

- 根据2009年8月27日第十一届全国人民代表大会常务委员会第十次会议《关于修改部分法律的决定》第一次修正

- 根据2017年9月1日第十二届全国人民代表大会常务委员会第二十九次会议《关于修改〈中华人民共和国法官法〉等八部法律的决定》第二次修正

- 2023年9月1日第十四届全国人民代表大会常务委员会第五次会议修订

第一章 总 则

◆ 第一条 立法目的和立法依据[①]

为了防止和纠正违法的或者不当的行政行为,保护公民、法人和其他组织的合法权益,监督和保障行政机关依法行使职权,发挥行政复议化解行政争议的主渠道作用,推进法治政府建设,根据宪法,制定本法。

名词解释

行政复议, 是解决行政争议的一项法律制度,是指公民、法人或者其他组织等行政相对人不服行政机关作出的行政行为,向行政复议机关提出申请,由受理该申请的行政复议机关依照法定程序和权限,对引起争议的行政行为进行全面审查并作出决定的活动。

◆ 第二条 适用范围

公民、法人或者其他组织认为行政机关的行政行为侵犯其合法权益,向行政复议机关提出行政复议申请,行政复议机关办理行政复议案件,适用本法。

前款所称行政行为,包括法律、法规、规章授权的组织的行政行为。

[①] 条文主旨为编者所加,下同。

◆ 第三条　行政复议工作的原则

行政复议工作坚持中国共产党的领导。

行政复议机关履行行政复议职责，应当遵循合法、公正、公开、高效、便民、为民的原则，坚持有错必纠，保障法律、法规的正确实施。

◆ 第四条　行政复议机构及职责

县级以上各级人民政府以及其他依照本法履行行政复议职责的行政机关是行政复议机关。

行政复议机关办理行政复议事项的机构是行政复议机构。行政复议机构同时组织办理行政复议机关的行政应诉事项。

行政复议机关应当加强行政复议工作，支持和保障行政复议机构依法履行职责。上级行政复议机构对下级行政复议机构的行政复议工作进行指导、监督。

国务院行政复议机构可以发布行政复议指导性案例。

名词解释

行政复议机关，是指依照法律规定，有权受理行政复议申请，依法对被申请的行政行为进行审查并作出决定的行政机关。

行政复议机构，是指有复议权的行政复议机关内部设立的一种具体负责行政复议案件的办理工作的办事机构。行政复议机构不具有法人资格，没有作出复议决定的职权。

实用问答

1. 什么是公安行政复议机构？

答：根据《公安机关办理行政复议案件程序规定》第三条的规定，公安行政复议机构，是指公安行政复议机关负责法制工作的机构。公安行政复议机构具体办理行政复议案件，公安机关业务部门内设的法制机构不办理行政复议案件。

2. 人力资源社会保障行政复议机构承担哪些职责？

答：根据《人力资源社会保障行政复议办法》第四条的规定，人力资源社会保障行政复议机构履行下列职责：（1）处理行政复议申请；（2）向有关组织和人员调查取证，查阅文件和资料，组织行政复议听证；（3）依照《行政复议法实施条例》[①]第九条的规定，办理第三人参加行政复议事项；（4）依照《行政复议法实施条例》第四十一条的规定，决定行政复议中止、恢复行政复议审理事项；（5）依照《行政复议法实施条例》第四十二条的规定，拟订行政复议终止决定；（6）审查申请行政复议的行政行为是否合法与适当，提出处理建议，拟订行政复议决定，主持行政复议调解，审查和准许行政复议和解协议；（7）处理或者转送对《行政复议法》所列有关规定的审查申请；（8）依照《行政复议法》的规定，办理行政赔偿等事项；（9）依照《行政复议法实施条例》第三十七条的规定，办理鉴定事项；（10）按照职责权限，督促行政复议申请的受理和行政复议决定的履行；（11）对人力资源和社会保障部门及其工作人员违反《行政复议法》《行政复议法实施条例》《人力资源社会保障行政复议办法》规定的行为依照规定的权限和程序提出处理建议；（12）研究行政复议过程中发现

[①] 为便于阅读，本书中所涉法律、行政法规均使用简称。

的问题,及时向有关机关和部门提出建议,重大问题及时向行政复议机关报告;(13)办理因不服行政复议决定提起行政诉讼的行政应诉事项;(14)办理或者组织办理未经行政复议直接提起行政诉讼的行政应诉事项;(15)办理行政复议、行政应诉案件统计和重大行政复议决定备案事项;(16)组织培训;(17)法律、法规规定的其他职责。

◆ **第五条 调解**

行政复议机关办理行政复议案件,可以进行调解。

调解应当遵循合法、自愿的原则,不得损害国家利益、社会公共利益和他人合法权益,不得违反法律、法规的强制性规定。

名词解释

行政复议调解,是指在复议机关工作人员主持下,复议申请人和被申请人在自愿合法的基础上协商一致,最终协议解决行政争议的活动和结案方式。

实用问答

1. 人民调解委员会调解民间纠纷应遵循什么原则?

答:根据《人民调解法》第三条的规定,人民调解委员会调解民间纠纷,应当遵循下列原则:(1)在当事人自愿、平等的基础上进行调解;(2)不违背法律、法规和国家政策;(3)尊重当事人的权利,不得因调解而阻止当事人依法通过仲裁、行政、司法等途径维护自己的权利。

2. 人民法院审理行政案件,可以调解吗?

答:根据《行政诉讼法》第六十条的规定,人民法院审理行政案件，不适用调解。但是，行政赔偿、补偿以及行政机关行使法律、法规规定的自由裁量权的案件可以调解。调解应当遵循自愿、合法原则，不得损害国家利益、社会公共利益和他人合法权益。

> ◆ **第六条　行政复议人员队伍建设和管理**
>
> 　　国家建立专业化、职业化行政复议人员队伍。
> 　　行政复议机构中初次从事行政复议工作的人员，应当通过国家统一法律职业资格考试取得法律职业资格，并参加统一职前培训。
> 　　国务院行政复议机构应当会同有关部门制定行政复议人员工作规范，加强对行政复议人员的业务考核和管理。

实用问答

1. 哪些人员应当通过国家统一法律职业资格考试？

答：根据《国家统一法律职业资格考试实施办法》第二条的规定，国家统一法律职业资格考试是国家统一组织的选拔合格法律职业人才的国家考试。初任法官、初任检察官，申请律师执业、公证员执业和初次担任法律类仲裁员，以及行政机关中初次从事行政处罚决定审核、行政复议、行政裁决、法律顾问的公务员，应当通过国家统一法律职业资格考试，取得法律职业资格。法律、行政法规另有规定的除外。

2. 哪些人员不得报名参加国家统一法律职业资格考试？

答：根据《国家统一法律职业资格考试实施办法》第十条的规定，有下列情形之一的人员，不得报名参加国家统一法律职业资格考试：（1）因故意犯罪受过刑事处罚的；（2）曾被开除公职或者曾被吊销律师执业证书、公证员执业证书的；（3）被吊销法律职业资格证书的；（4）被给予2年内不得报名参加国家统一法律职业资格考试（国家司法考试）处理期限未满或者被给予终身不得报名参加国家统一法律职业资格考试（国家司法考试）处理的；（5）因严重失信行为被国家有关单位确定为失信联合惩戒对象并纳入国家信用信息共享平台的；（6）因其他情形被给予终身禁止从事法律职业处理的。有上述规定情形之一的人员，已经办理报名手续的，报名无效；已经参加考试的，考试成绩无效。

3. 国家统一法律职业资格考试的考试方式是什么？

答：根据《国家统一法律职业资格考试实施办法》第十三条、第十四条、第十五条的规定，国家统一法律职业资格考试每年举行1次，分为客观题考试和主观题考试两部分，综合考查应试人员从事法律职业应当具有的政治素养、业务能力和职业伦理。应试人员客观题考试成绩合格的方可参加主观题考试，客观题考试合格成绩在本年度和下一个考试年度内有效。国家统一法律职业资格考试实行纸笔考试或者计算机化考试。国家统一法律职业资格考试实行全国统一评卷，统一确定合格分数线，考试成绩及合格分数线由司法部公布。

◆ **第七条　行政复议机构和人员的保障措施**

行政复议机关应当确保行政复议机构的人员配备与所承担的工作任务相适应，提高行政复议人员专业素质，根据工作需要保障办案场所、装备等设施。县级以上各级人民政府应当将行政复议工作经费列入本级预算。

实用问答

本级预算由谁编制、执行、监督？

答：根据《预算法》第二十四条的规定，县级以上地方各级政府编制本级预算草案；向本级人民代表大会作关于本级总预算草案的报告；组织本级总预算的执行；决定本级预算预备费的动用；编制本级预算的调整方案；监督本级各部门和下级政府的预算执行；改变或者撤销本级各部门和下级政府关于预算、决算的不适当的决定、命令；向本级人民代表大会、本级人民代表大会常务委员会报告本级总预算的执行情况。

乡、民族乡、镇政府编制本级预算、决算草案；向本级人民代表大会作关于本级预算草案的报告；组织本级预算的执行；决定本级预算预备费的动用；编制本级预算的调整方案；向本级人民代表大会报告本级预算的执行情况。

经省、自治区、直辖市政府批准，乡、民族乡、镇本级预算草案、预算调整方案、决算草案，可以由上一级政府代编，并依照《预算法》第二十一条的规定报乡、民族乡、镇的人民代表大会审查和批准。

根据《预算法》第二十五条的规定，地方各级政府财政部门具体编制本级预算、决算草案；具体组织本级总预算的执行；提出本级预算预备费动用方案；具体编制本级预算的调整方案；定期向本级政府和上一级政府财政部门报告本级总预算的执行情况。

根据《预算法》第二十六条的规定，各部门编制本部门预算、决算草案；组织和监督本部门预算的执行；定期向本级政府财政部门报告预算的执行情况。各单位编制本单位预算、决算草案；按照国家规定上缴预算收入，安排预算支出，并接受国家有关部门的监督。

◆ **第八条　信息化建设**

行政复议机关应当加强信息化建设，运用现代信息技术，方便公民、法人或者其他组织申请、参加行政复议，提高工作质量和效率。

◆ **第九条　行政复议激励措施**

对在行政复议工作中做出显著成绩的单位和个人，按照国家有关规定给予表彰和奖励。

◆ **第十条　对复议决定不服提起诉讼**

公民、法人或者其他组织对行政复议决定不服的，可以依照《中华人民共和国行政诉讼法》的规定向人民法院提起行政诉讼，但是法律规定行政复议决定为最终裁决的除外。

名词解释

最终裁决的行政复议决定，是指公民、法人或者其他组织申请复议后，行政复议机关的决定为最终决定，既不能再申请复议也不能再提起诉讼。比如，《出口管制法》第四十一条规定："有关组织或者个人对国家出口管制管理部门的不予许可决定不服的，可以依法申请行政复议。行政复议决定为最终裁决。"

实用问答

1. 行政复议是行政诉讼的必经前置程序吗？

答：行政复议不是行政诉讼的必经前置程序。根据《行政诉讼法》第四十四条的规定，对属于人民法院受案范围的行政案件，公民、法人或者其他组织可以先向行政机关申请复议，对复议决定不服的，再向人民法院提起诉讼；也可以直接向人民法院提起诉讼。

但是，法律、法规规定应当先向行政机关申请复议，对复议决定不服再向人民法院提起诉讼的，依照法律、法规的规定。比如，《行政复议法》第二十三条规定："有下列情形之一的，申请人应当先向行政复议机关申请行政复议，对行政复议决定不服的，可以再依法向人民法院提起行政诉讼：（一）对当场作出的行政处罚决定不服；（二）对行政机关作出的侵犯其已经依法取得的自然资源的所有权或者使用权的决定不服；（三）认为行政机关存在《行政诉讼法》第十一条规定的未履行法定职责情形；（四）申请政府信息公开，行政机关不予公开；（五）法律、行政法规规定应当先向行政复议机关申请行政复议的其他情形。"

2. 公民、法人或者其他组织对行政复议决定不服，直接向人民法院提起诉讼的，如何确定被告？

答：根据《行政诉讼法》第二十六条的规定，公民、法人或者其他组织直接向人民法院提起诉讼的，作出行政行为的行政机关是被告。经复议的案件，复议机关决定维持原行政行为的，作出原行政行为的行政机关和复议机关是共同被告；复议机关改变原行政行为的，复议机关是被告。复议机关在法定期限内未作出复议决定，公民、法人或者其他组织起诉原行政行为的，作出原行政行为的行政机关是被告；起诉复议机关不作为的，复议机关是被告。

两个以上行政机关作出同一行政行为的，共同作出行政行为的行政机关是共同被告。行政机关委托的组织所作的行政行为，委托的行政机关是被告。行政机关被撤销或者职权变更的，继续行使其职权的行政机关是被告。

3. 向人民法院提起行政诉讼应当符合哪些条件?

答:根据《行政诉讼法》第四十九条的规定,提起诉讼应当符合下列条件:(1)原告是符合《行政诉讼法》第二十五条规定的公民、法人或者其他组织;(2)有明确的被告;(3)有具体的诉讼请求和事实根据;(4)属于人民法院受案范围和受诉人民法院管辖。

第二章　行政复议申请

第一节　行政复议范围

◆ **第十一条　复议范围**

有下列情形之一的，公民、法人或者其他组织可以依照本法申请行政复议：

（一）对行政机关作出的行政处罚决定不服；

（二）对行政机关作出的行政强制措施、行政强制执行决定不服；

（三）申请行政许可，行政机关拒绝或者在法定期限内不予答复，或者对行政机关作出的有关行政许可的其他决定不服；

（四）对行政机关作出的确认自然资源的所有权或者使用权的决定不服；

（五）对行政机关作出的征收征用决定及其补偿决定不服；

（六）对行政机关作出的赔偿决定或者不予赔偿决定不服；

（七）对行政机关作出的不予受理工伤认定申请的决定或者工伤认定结论不服；

（八）认为行政机关侵犯其经营自主权或者农村土地承包经营权、农村土地经营权；

（九）认为行政机关滥用行政权力排除或者限制竞争；

（十）认为行政机关违法集资、摊派费用或者违法要求履行其他义务；

（十一）申请行政机关履行保护人身权利、财产权利、受教育权利等合法权益的法定职责，行政机关拒绝履行、未依法履行或者不予答复；

（十二）申请行政机关依法给付抚恤金、社会保险待遇或者最低生活保障等社会保障，行政机关没有依法给付；

（十三）认为行政机关不依法订立、不依法履行、未按照约定履行或者违法变更、解除政府特许经营协议、土地房屋征收补偿协议等行政协议；

（十四）认为行政机关在政府信息公开工作中侵犯其合法权益；

（十五）认为行政机关的其他行政行为侵犯其合法权益。

名词解释

行政处罚，是指行政机关依法对违反行政管理秩序的公民、法人或者其他组织，以减损权益或者增加义务的方式予以惩戒的行为。

行政强制措施，是指行政机关在行政管理过程中，为制止违法行为、防止证据损毁、避免危害发生、控制危险扩大等情形，依法对公民的人身自由实施暂时性限制，或者对公民、法人或者其他组织的财物实施暂时性控制的行为。

行政强制执行，是指行政机关或者行政机关申请人民法院，对不履行行政决定的公民、法人或者其他组织，依法强制履行义务的行为。

行政许可，是指行政机关根据公民、法人或者其他组织的申请，经依法审查，准予其从事特定活动的行为。

实用问答

1. 作出房屋征收决定的市、县级人民政府对被征收人给予的补偿包括哪些方面?

答:根据《国有土地上房屋征收与补偿条例》第十七条的规定,作出房屋征收决定的市、县级人民政府对被征收人给予的补偿包括:(1)被征收房屋价值的补偿;(2)因征收房屋造成的搬迁、临时安置的补偿;(3)因征收房屋造成的停产停业损失的补偿。市、县级人民政府应当制定补助和奖励办法,对被征收人给予补助和奖励。

2. 公民、法人或者其他组织认为行政机关在政府信息公开工作中侵犯其合法权益的,如何实现救济?

答:根据《政府信息公开条例》第五十一条的规定,公民、法人或者其他组织认为行政机关在政府信息公开工作中侵犯其合法权益的,可以向上一级行政机关或者政府信息公开工作主管部门投诉、举报,也可以依法申请行政复议或者提起行政诉讼。

3. 行政复议机关受理行政复议申请后,发现复议申请不属于《行政复议法》规定的复议范围,复议机关作出终止行政复议决定的,人民法院如何处理?

答:根据《最高人民法院关于行政复议机关受理行政复议申请后,发现复议申请不属于行政复议法规定的复议范围,复议机关作出终止行政复议决定的,人民法院如何处理的答复》的规定,行政复议机关受理行政复议申请后,发现该行政复议申请不符合法定的行政复议范围,作出终止行政复议决定。当事人不服,向人民法院提起诉讼,人民法院经审查认为,该复议申请不属于行政复议范围的,可以依法驳回其诉讼请求。

4. 行政复议机关能否加重对申请人处罚？

答：根据《全国人民代表大会常务委员会法制工作委员会关于行政复议机关能否加重对申请人处罚问题的答复意见》的规定，行政复议机关在对被申请人作出的行政处罚决定或者其他行政行为进行复议时，作出的行政复议决定不得对该行政处罚或者该行政行为增加处罚种类或加重对申请人的处罚。

5. 政府办公厅（室）能否作为政府信息公开行政争议的行政复议被申请人？

答：根据《最高人民法院关于政府办公厅（室）能否作为政府信息公开行政争议的行政复议被申请人和行政诉讼被告问题的请示的答复》的规定，公民、法人或其他组织向政府办公厅（室）提出的信息公开申请，应当视为向本级人民政府提出。人民政府对公民、法人或者其他组织提出的申请，可以政府办公厅（室）的名义进行答复，也可由负责政府信息公开工作的部门加盖"某某人民政府办公厅（室）信息公开专用章"的形式答复。

6. 工伤职工或者其近亲属对经办机构核定的工伤保险待遇有异议的，可以申请行政复议吗？

答：根据《工伤保险条例》第五十五条的规定，工伤职工或者其近亲属对经办机构核定的工伤保险待遇有异议的，有关单位或者个人可以依法申请行政复议，也可以依法向人民法院提起行政诉讼。

7. 当事人对出入境检验检疫机构、海关总署作出的复验结论、处罚决定不服的，可以申请行政复议吗？

答：根据《进出口商品检验法实施条例》第五十七条的规定，当事人对出入境检验检疫机构、海关总署作出的复验结论、处罚决定不服的，可以依法申请行政复议，也可以依法向人民法院提起诉讼。

8. 对国务院外经贸主管部门作出的有关技术进出口的批准、许可、登记或者行政处罚决定不服的，可以申请行政复议吗？

答： 根据《技术进出口管理条例》第五十条的规定，对国务院外经贸主管部门作出的有关技术进出口的批准、许可、登记或者行政处罚决定不服的，可以依法申请行政复议，也可以依法向人民法院提起诉讼。

张某珠与西安市司法局不予受理行政复议申请决定二审行政判决书[①]

要旨： 西安市律师协会作为法律、法规和规章授权的组织，负有依据法律授权实施惩戒的职责，其具有作出市律纪函〔2019〕第101号《投诉结果告知书》的职责。参照适用《最高人民法院关于适用〈中华人民共和国行政诉讼法〉的解释》第二十四条第三款之规定，律师协会在依据法律、法规、规章的授权实施行政行为，可以成为行政诉讼的被告，也可能成为行政复议的被申请人。但依据上述《律师法》的规定，本案中西安市律师协会作出的《投诉结果告知书》是其行业内部自治行为，不具有行政处罚的性质，该被诉处分决定并非西安市律师协会依据法律、法规、规章授权实施的行政行为，不属于行政复议的审查范围，亦不属于行政诉讼的受案范围。

---

① 参见西安铁路运输中级法院（2021）陕71行终595号。

◆ **第十二条　复议范围的排除**

下列事项不属于行政复议范围：

（一）国防、外交等国家行为；

（二）行政法规、规章或者行政机关制定、发布的具有普遍约束力的决定、命令等规范性文件；

（三）行政机关对行政机关工作人员的奖惩、任免等决定；

（四）行政机关对民事纠纷作出的调解。

实用问答

1. 人力资源和社会保障领域的哪些事项，不能申请行政复议？

答：根据《人力资源社会保障行政复议办法》第八条的规定，公民、法人或者其他组织对下列事项，不能申请行政复议：（1）人力资源和社会保障部门作出的行政处分或者其他人事处理决定；（2）劳动者与用人单位之间发生的劳动人事争议；（3）劳动能力鉴定委员会的行为；（4）劳动人事争议仲裁委员会的仲裁、调解等行为；（5）已就同一事项向其他有权受理的行政机关申请行政复议的；（6）向人民法院提起行政诉讼，人民法院已经依法受理的；（7）法律、行政法规规定的其他情形。

2. 考生对于资格考试成绩评判行为有异议的，能申请行政复议吗？

答：根据《司法行政机关行政复议应诉工作规定》第七条第四项的规定，公民、法人或者其他组织对"资格考试成绩评判行为"不能申请行政复议。

◆ **第十三条　规范性文件申请附带审查**

公民、法人或者其他组织认为行政机关的行政行为所依据的下列规范性文件不合法，在对行政行为申请行政复议时，可以一并向行政复议机关提出对该规范性文件的附带审查申请：

（一）国务院部门的规范性文件；

（二）县级以上地方各级人民政府及其工作部门的规范性文件；

（三）乡、镇人民政府的规范性文件；

（四）法律、法规、规章授权的组织的规范性文件。

前款所列规范性文件不含规章。规章的审查依照法律、行政法规办理。

名词解释

规范性文件，是指除国务院的行政法规、决定、命令以及部门规章和地方政府规章外，由行政机关或者经法律、法规授权的具有管理公共事务职能的组织依照法定权限、程序制定并公开发布，涉及公民、法人和其他组织权利义务，具有普遍约束力，在一定期限内反复适用的文件。

实用问答

1. 地方性法规、规章之间不一致时，由谁作出裁决？

答：根据《立法法》第一百零六条的规定，地方性法规、规章之间不一致时，由有关机关依照下列规定的权限作出裁决：（1）同一机关制定的新的一般规定与旧的特别规定不一致时，由制定机关裁决。（2）地方性法规与部门规章之间对同一事项的规定不一致，不能确定如何适用时，由国务院提出意见，国务院认为应当适用地方性法规的，应当决定在该地方适用地方性法规的规定；认为应当适用部门规章的，应当提请全国人民代表大会常务委员会裁决。(3) 部门规章之间、部门规章与地方政府规章之间对同一事项的规定不一致时，由国务院裁决。根据授权制定的法规与法律规定不一致，不能确定如何适用时，由全国人民代表大会常务委员会裁决。

2. 法律、行政法规、地方性法规、自治条例和单行条例、规章出现哪些情形时，有关机关予以改变或者撤销？

答：根据《立法法》第一百零七条的规定，法律、行政法规、地方性法规、自治条例和单行条例、规章有下列情形之一的，由有关机关依照《立法法》第一百零八条规定的权限予以改变或者撤销：(1) 超越权限的；(2) 下位法违反上位法规定的；(3) 规章之间对同一事项的规定不一致，经裁决应当改变或者撤销一方的规定的；(4) 规章的规定被认为不适当，应当予以改变或者撤销的；(5) 违背法定程序的。

3. 谁有权改变或者撤销法律、行政法规、地方性法规、自治条例和单行条例、规章？

答：根据《立法法》第一百零八条的规定，改变或者撤销法律、行政法规、地方性法规、自治条例和单行条例、规章的权限是：(1) 全国人民代表大会有权改变或者撤销它的常务委员会制定的不适当的法律，有权撤销全国人民代表大会常务委员会批准的违背《宪法》和《立法法》第八十五条第二款规定的自治条例和单行条例；(2) 全国人民代表大会常务委员会有权撤销同宪法和法律相抵触的行政法规，有权撤销同宪法、法律和行政法规相抵触的地方性法规，有权撤销省、自治区、直辖市的人民代表大会常务委员会批准的违背《宪法》和《立法法》第八十五条第二款规定的自治条例和单行条例；(3) 国务院有权改变或者撤销不适当的部门规章和地方政府规章；(4) 省、自治区、直辖市的人民代表大会有权改变或者撤销它的常务委员会制定的和批准的不适当的地方性法规；(5) 地方人民代表大会常务委员会有权撤销本级人民政府制定的不适当的规章；(6) 省、自治区的人民政府有权改变或者撤销下一级人民政府制定的不适当的规章；(7) 授权机关有权撤销被授权机关制定的超越授权范围或者违背授权目的的法规，必要时可以撤销授权。

4. 申请人认为税务机关的行政行为所依据的哪些规定不合法时，可以一并向行政复议机关提出对有关规定的审查申请？

答：根据《税务行政复议规则》第十五条的规定，申请人认为税务机关的行政行为所依据的下列规定不合法，对行政行为申请行政复议时，可以一并向行政复议机关提出对有关规定的审查申请；申请人对行政行为提出行政复议申请时不知道该行政行为所依据的规定的，可以在行政复议机关作出行政复议决定以前提出对该规定的审查申请：(1) 国家税务总局和国务院其他部门的规定。(2) 其他各级税务机关的规定。(3) 地方各级人民政府的规定。(4) 地方人民政府工作部门的规定。上述规定不包括规章。

第二节　行政复议参加人

◆ **第十四条　复议申请人**

依照本法申请行政复议的公民、法人或者其他组织是申请人。

有权申请行政复议的公民死亡的，其近亲属可以申请行政复议。有权申请行政复议的法人或者其他组织终止的，其权利义务承受人可以申请行政复议。

有权申请行政复议的公民为无民事行为能力人或者限制民事行为能力人的，其法定代理人可以代为申请行政复议。

实用问答

1. 有权申请行政复议的公民死亡的，谁可以申请行政复议？

答：有权申请行政复议的公民死亡的，其近亲属可以申请行政复议。根据《民法典》的规定，配偶、父母、子女、兄弟姐妹、祖父母、外祖父母、孙子女、外孙子女为近亲属。

2. 有权申请行政复议的公民为无民事行为能力人或者限制民事行为能力人的，谁可以代为申请行政复议？

答：有权申请行政复议的公民为无民事行为能力人或者限制民事行为能力人的，其法定代理人可以代为申请行政复议。

无民事行为能力人，是指不满八周岁的未成年人，以及不能辨认自己行为的成年人。限制民事行为能力人，是指不能完全辨认自己行为的成年人。无民事行为能力人、限制民事行为能力人的法定代理人，是指无民事行为能力人、限制民事行为能力人的监护人。《民法典》第二十七条规定："父母是未成年子女的监护人。未成年人的父母已经死亡或者没有监护能力的，由下列有监护能力的人按顺序担任监护人：（一）祖父母、外祖父母；（二）兄、姐；（三）其他愿意担任监护人的个人或者组织，但是须经未成年人住所地的居民委员会、村民委员会或者民政部门同意。"《民法典》第二十八条规定："无民事行为能力或者限制民事行为能力的成年人，由下列有监护能力的人按顺序担任监护人：（一）配偶；（二）父母、子女；

（三）其他近亲属；（四）其他愿意担任监护人的个人或者组织，但是须经被监护人住所地的居民委员会、村民委员会或者民政部门同意。"

3. 举报人对行政机关就举报事项作出的处理或者不作为行为不服，是否具有行政复议申请人资格？

答：根据《最高人民法院关于举报人对行政机关就举报事项作出的处理或者不作为行为不服是否具有行政复议申请人资格问题的答复》的规定，举报人为维护自身合法权益而举报相关违法行为人，要求行政机关查处，对行政机关就举报事项作出的处理或者不作为行为不服申请行政复议的，具有行政复议申请人资格。

典型案例

常某某与衡南县市场监管局、衡阳市市场监管局行政复议二审行政裁定书[①]

要旨：根据《最高人民法院关于举报人对行政机关就举报事项作出的处理或者不作为行为不服是否具有行政复议申请人资格的答复》，举报人是否具有行政复议申请人资格，取决于举报人是否"为维护自身合法权益而举报相关违法行为人"。常某某向衡南县市场监管局举报衡南县某货店销售的金桔饼为三无产品，马坝米所标示的执行标准已过期，其目的是为获取物质奖励，并非为维护自身合法权益。故衡南县市场监管局对衡南县某货店作出的责令改正处理决定与常某某没有利害关系。衡阳市市场监管局据此驳回常某某的复议申请并无不当。

---

① 参见湖南省衡阳市中级人民法院（2020）湘04行终143号。

原审裁定认定事实清楚，适用法律及处理正确，常某某的上诉理由不能成立，本院不予支持。

◆ 第十五条　复议代表人

同一行政复议案件申请人人数众多的，可以由申请人推选代表人参加行政复议。

代表人参加行政复议的行为对其所代表的申请人发生效力，但是代表人变更行政复议请求、撤回行政复议申请、承认第三人请求的，应当经被代表的申请人同意。

实用问答

同一行政复议案件申请人超过几人时，推选代表人参加行政复议？

答：根据《行政复议法实施条例》第八条的规定，同一行政复议案件申请人超过5人的，推选1至5名代表参加行政复议。

◆ 第十六条　复议第三人

申请人以外的同被申请行政复议的行政行为或者行政复议案件处理结果有利害关系的公民、法人或者其他组织，可以作为第三人申请参加行政复议，或者由行政复议机构通知其作为第三人参加行政复议。

第三人不参加行政复议，不影响行政复议案件的审理。

名词解释

行政复议第三人，是指与行政复议的行政行为或者案件处理结果有利害关系，而申请参加或者由复议机关通知其参加的申请人以外的公民、法人或其他组织。

实用问答

1. 农业农村部行政复议案件中，行政复议第三人如何参加行政复议？

答：根据《农业部行政复议工作规定》第十五条的规定，行政复议期间，行政复议机构认为申请人以外的公民、法人或者其他组织与被审查的行政行为有利害关系的，可以通知其作为第三人参加行政复议。

行政复议期间，申请人以外的公民、法人或者其他组织与被审查的行政行为有利害关系的，可以向行政复议机构申请作为第三人参加行政复议，行政复议机构应当在5日内作出是否准许的决定。

2. 行政复议机关改变原行政行为单独作被告的案件中，作出原行政行为的机关是否应列为第三人？

答：根据《最高人民法院第一巡回法庭关于行政审判法律适用若干问题的会议纪要》的规定，复议机关改变原行政行为单独作被告的案件，作出原行政行为的机关与被诉复议决定有利害关系，人民法院可以通知其作为第三人参加诉讼。但是，作出原行政行为的机关是代表国家行使职权，没有自己的利益，一审未通知其参加诉讼，不属于遗漏必须参加诉讼的当事人应当发回重审的情形。

◆ **第十七条　复议代理人**

申请人、第三人可以委托一至二名律师、基层法律服务工作者或者其他代理人代为参加行政复议。

申请人、第三人委托代理人的，应当向行政复议机构提交授权委托书、委托人及被委托人的身份证明文件。授权委托书应当载明委托事项、权限和期限。申请人、第三人变更或者解除代理人权限的，应当书面告知行政复议机构。

名词解释

行政复议代理人，是指行政复议中接受申请人、第三人的委托，以被代理人的名义，维护代理人的利益而参加行政复议活动的人。

实用问答

1. 住房城乡建设行政复议机关受理的行政复议案件中，哪些人员可以被委托为复议代理人？

答：根据《住房城乡建设行政复议办法》第十六条的规定，申请人、被申请人、第三人可以委托 1 至 2 人作为复议代理人。下列人员可以被委托为复议代理人：（1）律师、基层法律服务工作者；（2）申请人、第三人的近亲属或者工作人员；（3）申请人、第三人所在社区、单位及有关社会团体推荐的公民。

2. 海关行政复议案件中委托代理人参加行政复议的，应当提交授权委托书，授权委托书应当载明哪些事项？

答：根据《中华人民共和国海关行政复议办法》第十五条的规定，委托代理人参加行政复议的，应当向海关行政复议机构提交授权委托书。授权委托书应当载明下列事项：（1）委托人姓名或者名称，委托人为法人或者其他组织的，还应当载明法定代表人或者主要负责人的姓名、职务；（2）代理人姓名、性别、年龄、职业、地址及邮政编码；（3）委托事项和代理期间；（4）代理人代为提起、变更、撤回行政复议申请、参加行政复议调解、达成行政复议和解、参加行政复议听证、递交证据材料、收受行政复议法律文书等代理权限；（5）委托日期及委托人签章。

◆ **第十八条 法律援助**

符合法律援助条件的行政复议申请人申请法律援助的，法律援助机构应当依法为其提供法律援助。

实用问答

1. 哪些事项的当事人，因经济困难没有委托代理人的，可以向法律援助机构申请法律援助？

答：根据《法律援助法》第三十一条的规定，下列事项的当事人，因经济困难没有委托代理人的，可以向法律援助机构申请法律援助：（1）依法请求国家赔偿；（2）请求给予社会保险待遇或者社会救助；（3）请求发给抚恤金；（4）请求给付赡养费、抚养费、扶养费；（5）请求确认劳动关系或者支付劳动报酬；（6）请求认定公民无民事行为能力或者限制民事行为能力；（7）请求工伤事故、交通事故、食品药品安全事故、医疗事故人身损害赔偿；（8）请求环境污染、生态破坏损害赔偿；（9）法律、法规、规章规定的其他情形。经济困难的标准，由省、自治区、直辖市人民政府根据本行政区域经济发展状况和法律援助工作需要确定，并实行动态调整。

2. 在哪些情形下，当事人申请法律援助时，不受经济困难条件的限制？

答：根据《法律援助法》第三十二条的规定，有下列情形之一，当事人申请法律援助的，不受经济困难条件的限制：（1）英雄烈士近亲属为维护英雄烈士的人格权益；（2）因见义勇为行为主张相关民事权益；（3）再审改判无罪请求国家赔偿；（4）遭受虐待、遗弃或者家庭暴力的受害人主张相关权益；（5）法律、法规、规章规定的其他情形。

3. 法律援助机构收到法律援助申请后，在哪些情形下，可以决定先行提供法律援助？

答：根据《法律援助法》第四十四条的规定，法律援助机构收到法律援助申请后，发现有下列情形之一的，可以决定先行提供法律援助：（1）距法定时效或者期限届满不足7日，需要及时提起诉讼或者申请仲裁、行政复议；（2）需要立即申请财产保全、证据保全或者先予执行；（3）法律、法规、规章规定的其他情形。法律援助机构先行提供法律援助的，受援人应当及时补办有关手续，补充有关材料。

◆ 第十九条　被申请人

公民、法人或者其他组织对行政行为不服申请行政复议的，作出行政行为的行政机关或者法律、法规、规章授权的组织是被申请人。

两个以上行政机关以共同的名义作出同一行政行为的，共同作出行政行为的行政机关是被申请人。

行政机关委托的组织作出行政行为的，委托的行政机关是被申请人。

作出行政行为的行政机关被撤销或者职权变更的，继续行使其职权的行政机关是被申请人。

名词解释

行政复议被申请人，是行政复议申请人的对称，指申请人认为其侵犯了自身合法权益，复议机关通知其参加复议的行政机关。

第三节　申请的提出

◆ 第二十条　申请复议的期限

公民、法人或者其他组织认为行政行为侵犯其合法权益的，可以自知道或者应当知道该行政行为之日起六十日内提出行政复议申请；但是法律规定的申请期限超过六十日的除外。

因不可抗力或者其他正当理由耽误法定申请期限的，申请期限自障碍消除之日起继续计算。

行政机关作出行政行为时，未告知公民、法人或者其他组织申请行政复议的权利、行政复议机关和申请期限的，申请期限自公民、法人或者其他组织知道或者应当知道申请行政复议的权利、行政复议机关和申请期限之日起计算，但是自知道或者应当知道行政行为内容之日起最长不得超过一年。

名词解释

不可抗力，是不能预见、不能避免且不能克服的客观情况。

实用问答

1. 如何计算行政复议申请期限？

答：根据《行政复议法实施条例》第十五条的规定，行政复议申请期限的计算，依照下列规定办理：（1）当场作出行政行为的，自行政行为作出之日起计算；（2）载明行政行为的法律文书直接送达的，自受送达人签收之日起计算；（3）载明行政行为的法律文书邮寄送达的，自受送达人在邮件签收单上签收之日起计算；没有邮件签收单的，自受送达人在送达回执上签名之日起计算；（4）行政行为依法通过公告形式告知受送达人的，自公告规定的期限届满之日起计算；（5）行政机关作出行政行为时未告知公民、法人或者其他组织，事后补充告知的，自该公民、法人或者其他组织收到行政机关补充告知的通知之日起计算；（6）被申请人能够证明公民、法人或者其他组织知道行政行为的，自证据材料证明其知道行政行为之日起计算。行政机关作出行政行为，依法应当向有关公民、法人或者其他组织送达法律文书而未送达的，视为该公民、法人或者其他组织不知道该行政行为。

2. 在公安机关办理的行政复议案件中，申请人因哪些正当理由耽误法定申请期限的，应当提交相应的证明材料？

答：根据《公安机关办理行政复议案件程序规定》第二十条的规定，申请人因不可抗力以外的其他正当理由耽误法定申请期限的，应当提交相应的证明材料，由公安行政复议机构认定。

上述规定中的其他正当理由包括：（1）申请人因严重疾病不能在法定申请期限内申请行政复议的；（2）申请人为无行为能力人或者限制行为能力人，其法定代理人在法定申请期限内不能确定的；（3）法人或者其他组织合并、分立或者终止，承受其权利的法人或者其他组织在法定申请期限内不能确定的；(4)公安行政复议机构认定的其他耽误法定申请期限的正当理由。

3. 在公安机关办理的行政复议案件中，哪些时间可以认定为申请人知道行政行为的时间？

答：根据《公安机关办理行政复议案件程序规定》第二十二条的规定，下列时间可以认定为申请人知道行政行为的时间：(1)当场作出行政行为的，行政行为作出时间为知道的时间。(2)作出行政行为的法律文书直接送交受送达人的，受送达人签收的时间为知道的时间；送达时本人不在的，与其共同居住的有民事行为能力的亲属签收的时间为知道的时间；本人指定代收人的，代收人签收的时间为知道的时间；受送达人为法人或者其他组织的，其收发部门签收的时间为知道的时间。(3)受送达人拒绝接收作出行政行为的法律文书，有送达人、见证人在送达回证上签名或者盖章的，送达回证上签署的时间为知道的时间。(4)通过邮寄方式送达当事人的，当事人签收邮件的时间为知道的时间。(5)通过公告形式告知当事人的，公告规定的时间届满之日的次日为知道的时间。(6)法律、法规、规章和其他规范性文件未规定履行期限的，公安机关收到履行法定职责申请之日起60日的次日为申请人知道的时间；法律、法规、规章和其他规范性文件规定了履行期限的，期限届满之日的次日为知道的时间。

◆ 第二十一条　最长复议期限

因不动产提出的行政复议申请自行政行为作出之日起超过二十年，其他行政复议申请自行政行为作出之日起超过五年的，行政复议机关不予受理。

◆ **第二十二条　复议申请方式**

申请人申请行政复议，可以书面申请；书面申请有困难的，也可以口头申请。

书面申请的，可以通过邮寄或者行政复议机关指定的互联网渠道等方式提交行政复议申请书，也可以当面提交行政复议申请书。行政机关通过互联网渠道送达行政行为决定书的，应当同时提供提交行政复议申请书的互联网渠道。

口头申请的，行政复议机关应当当场记录申请人的基本情况、行政复议请求、申请行政复议的主要事实、理由和时间。

申请人对两个以上行政行为不服的，应当分别申请行政复议。

实用问答

1. 申请人书面申请行政复议的，应当在行政复议申请书中载明哪些事项？

答：根据《行政复议法实施条例》第十九条的规定，申请人书面申请行政复议的，应当在行政复议申请书中载明下列事项：(1) 申请人的基本情况，包括公民的姓名、性别、年龄、身份证号码、工作单位、住所、邮政编码；法人或者其他组织的名称、住所、邮政编码和法定代表人或者主要负责人的姓名、职务。(2) 被申请人的名称。(3) 行政复议请求、申请行政复议的主要事实和理由。(4) 申请人的签名或者盖章。(5) 申请行政复议的日期。

2. 税务行政复议案件的申请人书面申请行政复议的，应当在行政复议申请书中载明哪些事项？

答：根据《税务行政复议规则》第三十九条的规定，申请人书面申请行政复议的，应当在行政复议申请书中载明下列事项：(1) 申请人的基本情况，包括公民的姓名、性别、出生年月、身份证件号码、工作单位、住所、邮政编码、联系电话；法人或者其他组织的名称、住所、邮政编码、联系电话和法定代表人或者主要负责人的姓名、职务。(2) 被申请人的名称。(3) 行政复议请求、申请行政复议的主要事实和理由。(4) 申请人的签名或者盖章。(5) 申请行政复议的日期。

3. 申请人向工业和信息化部申请行政复议时提交的行政复议申请书应当载明哪些事项？

答：根据《工业和信息化部行政复议实施办法》第八条的规定，申请人申请行政复议，应当提交行政复议申请书，并载明下列事项：(1) 申请人的基本情况，包括公民的姓名、性别、年龄、身份证号码、工作单位、住所、邮政编码、送达地址、联系方式；法人或者其他组织的名称、住所、邮政编码、统一社会信用代码和法定代表人或者主要负责人的姓名、职务。(2) 被申请人的名称。(3) 行政复议请求、申请行政复议的主要事实和理由。(4) 申请人的签名或者盖章。(5) 申请行政复议的日期。

申请人为自然人的，应当提交居民身份证或者其他有效证件复印件；申请人为法人或者其他组织的，应当提交营业执照或者其他有效证件复印件、法定代表人或者主要负责人居民身份证或者其他有效证件复印件。申请人委托代理人代为申请的，还应当提交授权委托书和代理人的居民身份证或者其他有效证件复印件。

◆ **第二十三条　复议前置**

有下列情形之一的，申请人应当先向行政复议机关申请行政复议，对行政复议决定不服的，可以再依法向人民法院提起行政诉讼：

（一）对当场作出的行政处罚决定不服；

（二）对行政机关作出的侵犯其已经依法取得的自然资源的所有权或者使用权的决定不服；

（三）认为行政机关存在本法第十一条规定的未履行法定职责情形；

（四）申请政府信息公开，行政机关不予公开；

（五）法律、行政法规规定应当先向行政复议机关申请行政复议的其他情形。

对前款规定的情形，行政机关在作出行政行为时应当告知公民、法人或者其他组织先向行政复议机关申请行政复议。

实用问答

1. 哪些行为可以当场作出行政处罚决定？

答：根据《行政处罚法》的规定，违法事实确凿并有法定依据，对公民处以 200 元以下、对法人或者其他组织处以 3000 元以下罚款或者警告的行政处罚的，可以当场作出行政处罚决定。法律另有规定的，从其规定。

2. 哪些政府信息应当公开？

答：根据《政府信息公开条例》第十三条的规定，除了以下三种政府信息外，政府信息应当公开。（1）依法确定为国家秘密的政府信息，法律、行政法规禁止公开的政府信息，以及公开后可能危及国家安全、公共安全、经济安全、社会稳定的政府信息，不予公开。(2) 涉及商业秘密、个人隐私等公开会对第三方合法权益造成损害的政府信息，行政机关不得公开。但是，第三方同意公开或者行政机关认为不公开会对公共利益造成重大影响的，予以公开。(3) 行政机关的内部事务信息，包括人事管理、后勤管理、内部工作流程等方面的信息，可以不予公开。行政机关在履行行政管理职能过程中形成的讨论记录、过程稿、磋商信函、请示报告等过程性信息以及行政执法案卷信息，可以不予公开。法律、法规、规章规定上述信息应当公开的，从其规定。

第四节　行政复议管辖

◆ 第二十四条　县级以上地方各级人民政府的复议管辖范围

县级以上地方各级人民政府管辖下列行政复议案件：
（一）对本级人民政府工作部门作出的行政行为不服的；
（二）对下一级人民政府作出的行政行为不服的；
（三）对本级人民政府依法设立的派出机关作出的行政行为不服的；
（四）对本级人民政府或者其工作部门管理的法律、法规、规章授权的组织作出的行政行为不服的。

除前款规定外，省、自治区、直辖市人民政府同时管辖对本机关作出的行政行为不服的行政复议案件。

省、自治区人民政府依法设立的派出机关参照设区的市级人民政府的职责权限，管辖相关行政复议案件。

对县级以上地方各级人民政府工作部门依法设立的派出机构依照法律、法规、规章规定，以派出机构的名义作出的行政行为不服的行政复议案件，由本级人民政府管辖；其中，对直辖市、设区的市人民政府工作部门按照行政区划设立的派出机构作出的行政行为不服的，也可以由其所在地的人民政府管辖。

实用问答

对县级以上各级人民政府公安机关作出的行政行为不服的，向谁提出行政复议申请？

答：根据《公安机关办理行政复议案件程序规定》第八条的规定，对县级以上各级人民政府公安机关作出的行政行为不服的，按照下列规定提出行政复议申请：（1）对公安部、省（自治区、直辖市）公安厅（局）、新疆生产建设兵团公安局作出的行政行为不服的，向公安部申请行政复议；（2）对市（地、州、盟）公安局（处）作出的行政行为不服的，向省（自治区、直辖市）公安厅（局）申请行政复议；（3）对县（市、旗）公安局作出的行政行为不服的，向市（地、州、盟）公安局（处）申请行政复议；（4）对城市公安分局作出的行政行为不服的，向市公安局申请行政复议。

典型案例

张某峰、张某金等行政复议二审行政裁定书[①]

要旨：《国务院法制办公室关于依法做好征地补偿安置争议行政复议工作的通知》规定，被征地集体经济组织和农民对有关市、县人民政府批准的征地补偿、安置方案不服要求裁决的，应当依照行

[①] 参见江苏省高级人民法院（2019）苏行终1646号。

政复议法律、法规的规定向上一级地方人民政府提出申请。本案中，张某峰等5人不服溧阳市政府批准的《房屋补偿方案》，以溧阳市政府为被申请人向常州市政府申请行政复议并无不当。但由于《行政复议法实施条例》第十三条与《最高人民法院关于适用〈中华人民共和国行政诉讼法〉的解释》第十九条的规定可能存在认识上的不一致，一审法院在确定本案适格被告时未审慎审查，本院予以指出。

◆ 第二十五条　国务院部门的复议管辖范围

国务院部门管辖下列行政复议案件：
（一）对本部门作出的行政行为不服的；
（二）对本部门依法设立的派出机构依照法律、行政法规、部门规章规定，以派出机构的名义作出的行政行为不服的；
（三）对本部门管理的法律、行政法规、部门规章授权的组织作出的行政行为不服的。

名词解释

派出机构，是指被某机关派驻到某区域或某地方，代表派出机关行使某些方面职权的机构。

◆ 第二十六条　对省部级机关作出行政复议决定不服的救济途径

对省、自治区、直辖市人民政府依照本法第二十四条第二款的规定、国务院部门依照本法第二十五条第一项的规定作出的行政复议决定不服的，可以向人民法院提起行政诉讼；也可以向国务院申请裁决，国务院依照本法的规定作出最终裁决。

> **典型案例**

李某敏行政复议二审行政裁定书[1]

要旨：《行政复议法》第三十条第二款规定，根据国务院或者省、自治区、直辖市人民政府对行政区划的勘定、调整或者征收土地的决定，省、自治区、直辖市人民政府确认土地、矿藏、水流、森林、山岭、草原、荒地、滩涂、海域等自然资源的所有权或者使用权的行政复议决定为最终裁决。该款中的"最终裁决"包含两种情形：一是国务院或者省级人民政府对行政区划的勘定、调整或者征收土地的决定；二是省级人民政府据此确认自然资源的所有权或者使用权的行政复议决定。李某敏诉称其因不服江苏省人民政府作出的案涉征地批复，向江苏省人民政府申请行政复议，江苏省人民政府作出案涉158号行政复议决定书，维持案涉征地批复。李某敏诉请判令撤销案涉158号行政复议决定书。李某敏所诉事项属于上述规定的行政机关最终裁决的情形，依法不属于人民法院行政诉讼的受案范围。原审裁定对李某敏的起诉，不予立案，并无不当。

◆ **第二十七条　对垂直机关、税务和国家安全机关行政行为不服的管辖**

对海关、金融、外汇管理等实行垂直领导的行政机关、税务和国家安全机关的行政行为不服的，向上一级主管部门申请行政复议。

---

[1] 参见江苏省高级人民法院（2021）苏行终413号。

名词解释

垂直领导机构，是指机构的组织体系上所采用的是由上级领导机关直接的、由上而下的领导方式的机构，通常指中央部门设在地方的分支机构，或者由中央部门直接领导的地方机构。

实用问答

1. 各级税务行政复议机构在依法办理行政复议事项过程中，履行哪些职责？

答：根据《税务行政复议规则》第十一条的规定，各级税务行政复议机构依法办理行政复议事项，履行下列职责：（1）受理行政复议申请。（2）向有关组织和人员调查取证，查阅文件和资料。（3）审查申请行政复议的行政行为是否合法和适当，起草行政复议决定。（4）处理或者转送对《税务行政复议规则》第十五条所列有关规定的审查申请。（5）对被申请人违反《行政复议法》及其实施条例和《税务行政复议规则》规定的行为，依照规定的权限和程序向相关部门提出处理建议。（6）研究行政复议工作中发现的问题，及时向有关机关或者部门提出改进建议，重大问题及时向行政复议机关报告。（7）指导和监督下级税务机关的行政复议工作。（8）办理或者组织办理行政诉讼案件应诉事项。（9）办理行政复议案件的赔偿事项。（10）办理行政复议、诉讼、赔偿等案件的统计、报告、归档工作和重大行政复议决定备案事项。（11）其他与行政复议工作有关的事项。

2. 税务行政复议机关受理申请人对税务机关的哪些行政行为不服提出的行政复议申请？

答：《税务行政复议规则》第十四条规定，行政复议机关受理申请人对税务机关下列行政行为不服提出的行政复议申请："（一）征税行为，包括确认纳税主体、征税对象、征税范围、减税、免税、退税、抵扣税款、适用税率、计税依据、纳税环节、纳税期限、纳税地点和税款征收方式等具体行政行为，征收税款、加收滞纳金，扣缴义务人、受税务机关委托的单位和个人作出的代扣代缴、代收代缴、代征行为等。（二）行政许可、行政审批行为。（三）发票管理行为，包括发售、收缴、代开发票等。（四）税收保全措施、强制执行措施。（五）行政处罚行为：1. 罚款；2. 没收财物和违法所得；3. 停止出口退税权。（六）不依法履行下列职责的行为：1. 颁发税务登记；2. 开具、出具完税凭证、外出经营活动税收管理证明；3. 行政赔偿；4. 行政奖励；5. 其他不依法履行职责的行为。（七）资格认定行为。（八）不依法确认纳税担保行为。（九）政府信息公开工作中的具体行政行为。（十）纳税信用等级评定行为。（十一）通知出入境管理机关阻止出境行为。（十二）其他具体行政行为。"

3. 对税务机关的行政行为不服的，如何申请行政复议？

答：根据《税务行政复议规则》第十九条的规定，对下列税务机关的行政行为不服的，按照下列规定申请行政复议：（1）对两个以上税务机关以共同的名义作出的行政行为不服的，向共同上一级税务机关申请行政复议；对税务机关与其他行政机关以共同的名义作出的行政行为不服的，向其共同上一级行政机关申请行政复议。（2）对被撤销的税务机关在撤销以前所作出的行政行为不服的，向继续行使其职权的税务机关的上一级税务机关申请行政复议。（3）对税务机关作出逾期不缴纳罚款加处罚款的决定不服的，向作出行政处罚决定的税务机关申请行政复议。但是对已处罚款和加处罚款都不服的，一并向作出行政处罚决定的税务机关的上一级税务机关申请行政复议。申请人向行政行为发生地的县级地方人民政府提交行政复议申请的，由接受申请的县级地方人民政府依照《行政复议法》的规定予以转送。

4. 在哪些情形下，公民、法人或者其他组织可以向海关申请行政复议？

答：根据《中华人民共和国海关行政复议办法》第九条的规定，有下列情形之一的，公民、法人或者其他组织可以向海关申请行政复议：（1）对海关作出的警告，罚款，没收货物、物品、运输工具和特制设备，追缴无法没收的货物、物品、运输工具的等值价款，没收违法所得，暂停从事有关业务，撤销注册登记及其他行政处罚决定不服的；（2）对海关作出的收缴有关货物、物品、违法所得、运输工具、特制设备决定不服的；（3）对海关作出的限制人身自由的行政强制措施不服的；（4）对海关作出的扣留有关货物、物品、运输工具、账册、单证或者其他财产，封存有关进出口货物、账簿、单证等行政强制措施不服的；（5）对海关收取担保的行政行为不服的；（6）对海关采取的强制执行措施不服的；（7）对海关确定纳税义务人、确定完税价格、商品归类、确定原产地、适用税率或者汇率、减征或者免征税款、补税、退税、征收滞纳金、确定计征方式以及确定纳税地点等其他涉及税款征收的行政行为有异议的；（8）认为符合法定条件，申请海关办理行政许可事项或者行政审批事项，海关未依法办理的；（9）对海关检查运输工具和场所，查验货物、物品或者采取其他监管措施不服的；（10）对海关作出的责令退运、不予放行、责令改正、责令拆毁和变卖等行政决定不服的；（11）对海关稽查决定或者其他稽查行政行为不服的；（12）对海关作出的企业分类决定以及按照该分类决定进行管理的措施不服的；（13）认为海关未依法采取知识产权保护措施，或者对海关采取的知识产权保护措施不服的；（14）认为海关未依法办理接受报关、放行等海关手续的；(15) 认为海关违法收取滞报金或者其他费用，违法要求履行其他义务的；(16) 认为海关没有依法履行保护人身权利、财产权利的法定职责的；(17) 认为海关在政府信息公开工作中的行政行为侵犯其合法权益的；(18) 认为海关的其他行政行为侵犯其合法权益的。

◆ **第二十八条 对地方人民政府司法行政部门行政行为不服的复议**

对履行行政复议机构职责的地方人民政府司法行政部门的行政行为不服的，可以向本级人民政府申请行政复议，也可以向上一级司法行政部门申请行政复议。

实用问答

司法行政机关如何处理行政复议申请？

答：根据《司法行政机关行政复议应诉工作规定》第十三条的规定，司法行政机关自收到行政复议申请书之日起5日内，对行政复议申请分别作出以下处理：(1) 行政复议申请符合法定受理条件并属于本规定受理范围的，应予受理；(2) 行政复议申请不符合法定受理条件的，不予受理并书面告知申请人；(3) 行政复议申请符合法定受理条件，但不属于本机关受理的，应当告知申请人向有关行政复议机关提出。

除不符合行政复议的法定受理条件或者不属于本机关受理的复议申请外，行政复议申请自行政复议机关负责法制工作的机构收到之日起即为受理。

作出行政行为的司法行政机关自收到行政复议机关发送的行政复议申请书副本或者申请笔录复印件后，应将书面答复、作出行政行为的证据、依据和其他有关材料,在 10 日内提交行政复议机关。司法行政机关任何部门在收到行政复议申请后,应转交本机关法制工作机构。

申请人的书面申请内容如不符合《司法行政机关行政复议应诉工作规定》第十二条的规定,法制工作机构应当通知申请人补齐申请内容。行政复议受理时间从收到申请人补齐申请书内容之日起计算。

◆ **第二十九条　复议和诉讼的选择**

公民、法人或者其他组织申请行政复议,行政复议机关已经依法受理的,在行政复议期间不得向人民法院提起行政诉讼。

公民、法人或者其他组织向人民法院提起行政诉讼,人民法院已经依法受理的,不得申请行政复议。

典型案例

丁某某行政复议二审行政裁定书[①]

要旨:为了维护公民、法人和其他组织的合法权益,解决行政争议,监督行政机关依法行政,法律分别规定了行政复议和行政诉讼制度。行政相对人认为其合法权益受到行政行为侵犯,在没有复议前置规定的情况下,行政相对人可以选择行政复议或者行政诉讼,也可以先行提起行政复议,对行政复议决定不服再提起行政诉讼。根据法律规定,

---

① 参见安徽省高级人民法院(2021)皖行终 100 号。

我国实行一级复议制度,当事人对复议行为不服,可以在收到复议决定书(复议机关逾期不作决定的,可在复议期满)之日起15日内,依法向人民法院提起行政诉讼,这是对当事人权益保护的最便捷、最直接的方式。本案中,2020年9月28日,庐阳区政府向上诉人丁某某作出行政复议申请不予受理决定书,依法告知上诉人对决定不服应在15日内向人民法院起诉。但在法律规定的起诉期限内,上诉人并未依法提起诉讼。上诉人向合肥市人民政府申请行政复议监督,根据《最高人民法院关于适用〈中华人民共和国行政诉讼法〉的解释》第一条第二款第八项的规定,上级机关基于内部层级监督关系对下级行政机关的督促履职行为,不属于人民法院行政诉讼受案范围。故,一审裁定对丁某某的起诉不予立案并无不当。

第三章 行政复议受理

◆ **第三十条 受理条件及审查**

行政复议机关收到行政复议申请后,应当在五日内进行审查。对符合下列规定的,行政复议机关应当予以受理:

(一)有明确的申请人和符合本法规定的被申请人;

(二)申请人与被申请行政复议的行政行为有利害关系;

(三)有具体的行政复议请求和理由;

(四)在法定申请期限内提出;

(五)属于本法规定的行政复议范围;

(六)属于本机关的管辖范围;

(七)行政复议机关未受理过该申请人就同一行政行为提出的行政复议申请,并且人民法院未受理过该申请人就同一行政行为提起的行政诉讼。

对不符合前款规定的行政复议申请,行政复议机关应当在审查期限内决定不予受理并说明理由;不属于本机关管辖的,还应当在不予受理决定中告知申请人有管辖权的行政复议机关。

行政复议申请的审查期限届满,行政复议机关未作出不予受理决定的,审查期限届满之日起视为受理。

实用问答

1. 公安行政复议机构收到行政复议申请后,应该从哪些方面对该申请进行初步审查?

答:根据《公安机关办理行政复议案件程序规定》第二十六条的规定,公安行政复议机构收到行政复议申请后,应当对该申请是否符合下列条件进行初步审查:(1)提出申请的公民、法人和其他组织是否具备申请人资格;(2)是否有明确的被申请人和行政复议请求;(3)是否符合行政复议范围;(4)是否超过行政复议期限;(5)是否属于本机关受理。

2. 在哪些情形下,自然资源行政复议机关不予受理自然资源行政复议案件?

答:根据《自然资源行政复议规定》第十三条的规定,有下列情形之一的,行政复议机关不予受理:(1)未按照《自然资源行政复议规定》第十二条规定的补正通知要求提供补正材料的;(2)对下级自然资源主管部门作出的行政复议决定或者行政复议告知不服,申请行政复议的;(3)其他不符合法定受理条件的。对同一申请人以基本相同的事实和理由重复提出同一行政复议申请的,行政复议机关不再重复受理。

3. 工业和信息化部对收到的行政复议申请进行审查后,如何处理?

答:根据《工业和信息化部行政复议实施办法》第十一条的规定,工业和信息化部收到行政复议申请后,应当在5日内进行审查,并分别作出如下处理:(1)行政复议申请符合《行政复议法》及其实施条例规定的,决定予以受理,并告知申请人。(2)行政复议申请不符合《行政复议法》及其实施条例规定的,决定不予受理,制作不予受理行政复议申请决定书并告知申请人。(3)行政复议申请符合《行政复议法》及其实施条例规定,但不属于工业和信息化部受理范围的,告知申请人向有关行政复议机关提出。(4)行政复议申请材料不齐全或者表述不清楚的,制作补正行政复议申请通知书,一次性通知申请人需要补正的所有材料和合理的补正期限。无正当理由逾期不补正的,视为申请人放弃行政复议申请。补正申请材料所用时间不计入行政复议审理期限。予以受理的行政复议申请,自工业和信息化部法制工作机构收到行政复议申请之日起即为受理。

4. 农业行政复议案件的行政复议机构对哪些内容进行初步审查?

答:根据《农业部行政复议工作规定》第十条的规定,行政复议机构应当对行政复议申请是否符合下列条件进行初步审查:(1)有明确的申请人和被申请人;(2)申请人与行政行为有利害关系;(3)有具体的行政复议请求和事实依据;(4)在法定申请期限内提出;(5)属于《行政复议法》规定的行政复议范围;(6)属于农业农村部的职责范围;(7)不属于《农业部行政复议工作规定》第十一条规定的情形。

5. 在哪些条件下,海关行政复议机关应当受理海关行政复议申请?

答:根据《中华人民共和国海关行政复议办法》第三十二条的规定,海关行政复议机关收到行政复议申请后,应当在5日内进行审查。行政复议申请符合下列规定的,应当予以受理:(1)有明确的申请人和符合规定的被申请人;(2)申请人与行政行为有利害关系;(3)有具体的行政复议请求和理由;(4)在法定申请期限内提出;(5)属于《中华人民共和国海关行政复议办法》第九条第一款规定的行政复议范围;(6)属于收到行政复议申请的海关行政复议机构的职责范围;(7)其他行政复议机关尚未受理同一行政复议申请,人民法院尚未受理同一主体就同一事实提起的行政诉讼。

典型案例

宛某某等行政复议申请决定
二审行政判决书[①]

要旨：根据《行政复议法》《行政复议法实施条例》的规定，提起行政复议申请，应当符合"一事一申请"原则，并且要具有明确的申请事项和事实根据。所谓有事实根据，是指复议事项能够固定，且具有能够被特定化或者被识别所需的最低限度的事实。一般情况下，申请人要明确指出行政机关作出的行政行为。如果是针对行政机关作出的书面行政决定等行政行为，应当提供该书面决定；如果是针对行政机关的事实行为，则需要提供初步的证据证明行政机关实施了该事实行为。本案中，宛某某等6人向安徽省人民政府申请行政复议，请求确认宣城市人民政府批准宣征字〔2009〕01号《宣城市人民政府征收土地及征地补偿安置方案》的行政行为违法。结合全案证据，宣城市人民政府作出的宣征字〔2009〕01号《宣城市人民政府征收土地及征地补偿安置方案》，系将征收土地、征地补偿安置方案"合二为一"，并以公告形式予以发布。对于征收土地公告，系对安徽省人民政府皖政地〔2009〕61号征地批复予以公示告知的行为，宣城市人民政府既无批准征地职权亦不存在批准征地行为，宛某某等6人申请复议宣城市人民政府该"批准征地行为"，显然无事实依据和法律根据。若宛某某等6人对安徽省人民政府作出的征地行为不服，可按照《土地管理法》规定寻求救济；征地补偿安置方案是法律赋

[①] 参见安徽省高级人民法院（2021）皖行终60号。

予宣城市人民政府的职权行为，对该职权行为宣城市人民政府并无必要画蛇添足予以"批准"，若宛某某等人对该征地补偿安置方案不服，亦可按照《土地管理法实施条例》第二十五条第三款规定寻求救济。因宛某某等6人申请复议的宣城市人民政府"批准"行为并不存在，故安徽省人民政府驳回其复议申请并无不当。

◆ **第三十一条　申请材料补正**

行政复议申请材料不齐全或者表述不清楚，无法判断行政复议申请是否符合本法第三十条第一款规定的，行政复议机关应当自收到申请之日起五日内书面通知申请人补正。补正通知应当一次性载明需要补正的事项。

申请人应当自收到补正通知之日起十日内提交补正材料。有正当理由不能按期补正的，行政复议机关可以延长合理的补正期限。无正当理由逾期不补正的，视为申请人放弃行政复议申请，并记录在案。

行政复议机关收到补正材料后，依照本法第三十条的规定处理。

实用问答

1. 自然资源行政复议机构要求补正行政复议申请材料的，补正通知书应当载明哪些事项？

答：根据《自然资源行政复议规定》第十二条的规定，行政复议机构认为行政复议申请材料不齐全、表述不清楚或者不符合法定形式的，应当自收到该行政复议申请书之日起5个工作日内，一次性书面通知申请人补正。补正通知书应当载明下列事项：（1）需要更改、补充的具体内容；（2）需要补正的材料、证据；（3）合理的补正期限；(4) 无正当理由逾期未补正的法律后果。

无正当理由逾期未提交补正材料的，视为申请人放弃行政复议申请。补正申请材料所用时间不计入复议审理期限。

2. 海关行政复议机构要求补正行政复议申请材料的，补正通知书应当载明哪些事项？

答：根据《中华人民共和国海关行政复议办法》第三十三条的规定，行政复议申请材料不齐全或者表述不清楚的，海关行政复议机构可以自收到该行政复议申请之日起 5 日内书面通知申请人补正。补正通知应当载明以下事项：(1) 行政复议申请书中需要修改、补充的具体内容。(2) 需要补正的有关证明材料的具体类型及其证明对象。(3) 补正期限。申请人应当在收到补正通知之日起 10 日内向海关行政复议机构提交需要补正的材料。补正申请材料所用时间不计入行政复议审理期限。

申请人无正当理由逾期不补正的，视为其放弃行政复议申请。申请人有权在《中华人民共和国海关行政复议办法》第二十三条规定的期限内重新提出行政复议申请。

◆ **第三十二条 对当场作出或者依据电子技术监控设备记录的违法事实作出的行政处罚决定不服的行政复议申请**

对当场作出或者依据电子技术监控设备记录的违法事实作出的行政处罚决定不服申请行政复议的，可以通过作出行政处罚决定的行政机关提交行政复议申请。

行政机关收到行政复议申请后，应当及时处理；认为需要维持行政处罚决定的，应当自收到行政复议申请之日起五日内转送行政复议机关。

名词解释

电子技术监控设备记录违法事实，是指行政机关依照法律、行政法规规定利用电子技术监控设备收集、固定违法事实。电子技术监控设备记录违法事实应当真实、清晰、完整、准确。行政机关应当审核记录内容是否符合要求；未经审核或者经审核不符合要求的，不得作为行政处罚的证据。

◆ **第三十三条 驳回复议申请**

行政复议机关受理行政复议申请后，发现该行政复议申请不符合本法第三十条第一款规定的，应当决定驳回申请并说明理由。

实用问答

1. 对投诉、举报、检举和反映问题等事项的处理不服申请自然资源行政复议的案件，在哪些情形下，可以不予受理或者受理审查后驳回行政复议申请？

答：根据《自然资源行政复议规定》第十五条的规定，对投诉、举报、检举和反映问题等事项的处理不服申请行政复议的，属于下列情形之一，自然资源主管部门已经将处理情况予以告知，且告知行为未对申请人的实体权利义务产生不利影响的，行政复议机关可以不予受理或者受理审查后驳回行政复议申请：（1）信访处理意见、复查意见、复核意见，或者未履行信访法定职责的行为；（2）履行内部层级监督职责作出的处理、答复，或者未履行该职责的行为；（3）对明显不具有事务、地域或者级别管辖权的投诉举报事项作出的处理、答复，或者未作处理、答复的行为；（4）未设定申请人权利义务的重复处理行为、说明性告知行为及过程性行为。

2. 自然资源行政复议案件中，在哪些情形下，对政府信息公开答复不服申请行政复议的，行政复议机关可以驳回行政复议申请？

答：根据《自然资源行政复议规定》第十四条的规定，对政府信息公开答复不服申请行政复议，有下列情形之一，被申请人已经履行法定告知义务或者说明理由的，行政复议机关可以驳回行政复议申请：（1）要求提供已经主动公开的政府信息，或者要求公开申请人已经知晓的政府信息，自然资源主管部门依法作出处理、答复的；（2）要求自然资源主管部门制作、搜集政府信息和对已有政府信息进行汇总、分析、加工等，自然资源主管部门依法作出处理、答复的；（3）申请人以政府信息公开申请的形式进行信访、投诉、举报等活动，自然资源主管部门告知申请人不作为政府信息公开申请处理的；（4）申请人的政府信息公开申请符合《政府信息公开条例》第三十六条第三项、第五项、第六项、第七项规定，自然资源主管部门依法作出处理、答复的；（5）法律法规规定的其他情形。

3. 在哪些情形下，税务行政复议案件的行政复议机关应当决定驳回行政复议申请？

答：根据《税务行政复议规则》第七十八条的规定，有下列情形之一的，行政复议机关应当决定驳回行政复议申请：（1）申请人认为税务机关不履行法定职责申请行政复议，行政复议机关受理以后发现该税务机关没有相应法定职责或者在受理以前已经履行法定职责的。（2）受理行政复议申请后，发现该行政复议申请不符合《行政复议法》及其实施条例和《税务行政复议规则》规定的受理条件的。上级税务机关认为行政复议机关驳回行政复议申请的理由不成立的，应当责令限期恢复受理。行政复议机关审理行政复议申请期限的计算应当扣除因驳回耽误的时间。

4. 在哪些情形下，海关行政复议机关应当驳回行政复议申请？

答：根据《中华人民共和国海关行政复议办法》第七十九条的规定，有下列情形之一的，海关行政复议机关应当决定驳回行政复议申请：（1）申请人认为海关不履行法定职责申请行政复议，海关行政复议机关受理后发现被申请人没有相应法定职责或者被申请人在海关行政复议机关受理该行政复议申请之前已经履行法定职责的；（2）海关行政复议机关受理行政复议申请后，发现该行政复议申请不符合受理条件的。

典型案例

李某某等行政复议二审行政判决书[①]

要旨： 本案系因省政府以李某某等人的行政复议申请超过行政复议期限为由，作出驳回李某某等人行政复议申请的59号驳回决定是否合法的争议。李某某等人何时知道543号批复、对543号批复申请的行政复议是否超过期限，是本案争议的主要焦点。就集体土地征收中，如何认定农村集体组织及农民个人知道土地征收决定这一事实，原国务院法制办公室曾以40号意见提出了一些判断方式、方法的指引。如行政机关发布过征收土地公告，可以认定农村集体组织及农民个人知道土地征收决定；农民个人签订过补偿协议或领取过征收补偿款项的，可以认定农民个人知道土地征收决定。本案中，省政府543号批复下发后，珙县人民政府于2011年10月21日作出了3号征收公告，并在被征地范围范以黎房屋墙上及余家村村务公开栏进行了张

[①] 参见四川省高级人民法院（2020）川行终593号。

贴,李某某等人还领取了所在村组发放的征地补偿款项,因此,省政府认定李某某等人于 2015 年 8 月对 543 号批复提出的行政复议申请超过法定期限,事实清楚,驳回李某某等人的行政复议申请,适用法律正确。

◆ **第三十四条　对复议前置案件不服提起行政诉讼**

　　法律、行政法规规定应当先向行政复议机关申请行政复议、对行政复议决定不服再向人民法院提起行政诉讼的,行政复议机关决定不予受理、驳回申请或者受理后超过行政复议期限不作答复的,公民、法人或者其他组织可以自收到决定书之日起或者行政复议期限届满之日起十五日内,依法向人民法院提起行政诉讼。

◆ **第三十五条　上级行政机关直接受理和责令纠正**

　　公民、法人或者其他组织依法提出行政复议申请,行政复议机关无正当理由不予受理、驳回申请或者受理后超过行政复议期限不作答复的,申请人有权向上级行政机关反映,上级行政机关应当责令其纠正;必要时,上级行政复议机关可以直接受理。

第四章　行政复议审理

第一节　一般规定

◆ 第三十六条　行政复议审理程序及保密规定

行政复议机关受理行政复议申请后，依照本法适用普通程序或者简易程序进行审理。行政复议机构应当指定行政复议人员负责办理行政复议案件。

行政复议人员对办理行政复议案件过程中知悉的国家秘密、商业秘密和个人隐私，应当予以保密。

◆ 第三十七条　行政复议案件审理依据

行政复议机关依照法律、法规、规章审理行政复议案件。

行政复议机关审理民族自治地方的行政复议案件，同时依照该民族自治地方的自治条例和单行条例。

◆ 第三十八条　行政复议案件的提级管辖

上级行政复议机关根据需要，可以审理下级行政复议机关管辖的行政复议案件。

下级行政复议机关对其管辖的行政复议案件，认为需要由上级行政复议机关审理的，可以报请上级行政复议机关决定。

第三十九条 行政复议中止

行政复议期间有下列情形之一的，行政复议中止：

（一）作为申请人的公民死亡，其近亲属尚未确定是否参加行政复议；

（二）作为申请人的公民丧失参加行政复议的行为能力，尚未确定法定代理人参加行政复议；

（三）作为申请人的公民下落不明；

（四）作为申请人的法人或者其他组织终止，尚未确定权利义务承受人；

（五）申请人、被申请人因不可抗力或者其他正当理由，不能参加行政复议；

（六）依照本法规定进行调解、和解，申请人和被申请人同意中止；

（七）行政复议案件涉及的法律适用问题需要有权机关作出解释或者确认；

（八）行政复议案件审理需要以其他案件的审理结果为依据，而其他案件尚未审结；

（九）有本法第五十六条或者第五十七条规定的情形；

（十）需要中止行政复议的其他情形。

行政复议中止的原因消除后，应当及时恢复行政复议案件的审理。

行政复议机关中止、恢复行政复议案件的审理，应当书面告知当事人。

实用问答

在什么情况下，中止自然资源行政复议？

答：根据《自然资源行政复议规定》第二十五条的规定，行政复议期间有下列情形之一的，行政复议中止：（1）双方当事人书面提出协商解决申请，行政复议机构认为有利于实质性解决纠纷，维护申请人合法权益的；（2）申请人不以保护自身合法权益为目的，反复提起行政复议申请，扰乱复议机关行政管理秩序的；（3）法律法规规定需要中止审理的其他情形。自然资源行政复议机构中止行政复议案件审理的，应当书面通知当事人，并告知中止原因；行政复议中止的原因消除后，应当及时恢复行政复议案件的审理。

◆ 第四十条 行政复议机关无正当理由中止复议的处理

行政复议期间，行政复议机关无正当理由中止行政复议的，上级行政机关应当责令其恢复审理。

◆ 第四十一条 行政复议终止

行政复议期间有下列情形之一的，行政复议机关决定终止行政复议：

（一）申请人撤回行政复议申请，行政复议机构准予撤回；

（二）作为申请人的公民死亡，没有近亲属或者其近亲属放弃行政复议权利；

（三）作为申请人的法人或者其他组织终止，没有权利义务承受人或者其权利义务承受人放弃行政复议权利；

（四）申请人对行政拘留或者限制人身自由的行政强制措施

不服申请行政复议后,因同一违法行为涉嫌犯罪,被采取刑事强制措施;

(五)依照本法第三十九条第一款第一项、第二项、第四项的规定中止行政复议满六十日,行政复议中止的原因仍未消除。

实用问答

海关行政复议案件复议期间,在哪些情形下,行政复议终止?

答:根据《中华人民共和国海关行政复议办法》第八十二条的规定,行政复议期间有下列情形之一的,行政复议终止:(1)申请人要求撤回行政复议申请,海关行政复议机构准予撤回的;(2)作为申请人的自然人死亡,没有近亲属或者其近亲属放弃行政复议权利的;(3)作为申请人的法人或者其他组织终止,其权利义务的承受人放弃行政复议权利的;(4)申请人与被申请人达成和解,并且经海关行政复议机构准许的;(5)申请人对海关限制人身自由的行政强制措施不服申请行政复议后,因申请人同一违法行为涉嫌犯罪,该限制人身自由的行政强制措施变更为刑事拘留的,或者申请人对海关扣留财产的行政强制措施不服申请行政复议后,因申请人同一违法行为涉嫌犯罪,该扣留财产的行政强制措施变更为刑事扣押的;(6)依照《中华人民共和国海关行政复议办法》第五十五条第一款第一项、第二项、第三项规定中止行政复议,满60日行政复议中止的原因仍未消除的;(7)申请人以传真、电子邮件形式递交行政复议申请书后未在规定期限内提交有关材料的原件的。

◆ **第四十二条　行政复议不停止执行及例外情形**

行政复议期间行政行为不停止执行；但是有下列情形之一的，应当停止执行：

（一）被申请人认为需要停止执行；

（二）行政复议机关认为需要停止执行；

（三）申请人、第三人申请停止执行，行政复议机关认为其要求合理，决定停止执行；

（四）法律、法规、规章规定停止执行的其他情形。

实用问答

1. 当事人对行政处罚决定不服，申请行政复议的，行政处罚停止执行吗？

答：根据《行政诉讼法》第七十三条的规定，当事人对行政处罚决定不服，申请行政复议的，行政处罚不停止执行，法律另有规定的除外。当事人对限制人身自由的行政处罚决定不服，申请行政复议的，可以向作出决定的机关提出暂缓执行申请。符合法律规定情形的，应当暂缓执行。当事人申请行政复议的，加处罚款的数额在行政复议期间不予计算。

2. 社会保险行政部门作出认定为工伤的决定后发生行政复议的，行政复议期间支付工伤职工治疗工伤的医疗费用吗？

答：根据《工伤保险条例》第三十一条的规定，社会保险行政部门作出认定为工伤的决定后发生行政复议的，行政复议期间不停止支付工伤职工治疗工伤的医疗费用。

第二节　行政复议证据

◆ **第四十三条　行政复议证据种类**

行政复议证据包括：
（一）书证；
（二）物证；
（三）视听资料；
（四）电子数据；
（五）证人证言；
（六）当事人的陈述；
（七）鉴定意见；
（八）勘验笔录、现场笔录。
以上证据经行政复议机构审查属实，才能作为认定行政复议案件事实的根据。

名词解释

书证，是指以纸张为主要载体，以文字、数字或者图形为主要形式，记录有关案件事实内容或者信息的文件。

物证，是指以外形、质量、规格、特征等形式载有案件事实信息的物质和痕迹。

视听资料，是指运用录音、录像等科学技术手段记录下来的有关案件事实和材料。

电子数据，是指通过电子邮件、电子数据交换、网上聊天记录、手机短信、电子签名、域名等形成或者存储在电子介质中的信息。

鉴定意见，是指鉴定机构或者行政复议机关指定具有专门知识或者技能的人，对案件中出现的专门性问题，通过分析、检验、鉴别等方式作出的书面意见。

勘验笔录、现场笔录，是指行政机关依职权对现场、物品、人身等进行勘验、检查活动所作的记载。

◆ 第四十四条　举证责任分配

被申请人对其作出的行政行为的合法性、适当性负有举证责任。

有下列情形之一的，申请人应当提供证据：

（一）认为被申请人不履行法定职责的，提供曾经要求被申请人履行法定职责的证据，但是被申请人应当依职权主动履行法定职责或者申请人因正当理由不能提供的除外；

（二）提出行政赔偿请求的，提供受行政行为侵害而造成损害的证据，但是因被申请人原因导致申请人无法举证的，由被申请人承担举证责任；

（三）法律、法规规定需要申请人提供证据的其他情形。

◆ 第四十五条　行政复议机关的调查取证权

行政复议机关有权向有关单位和个人调查取证，查阅、复制、调取有关文件和资料，向有关人员进行询问。

调查取证时，行政复议人员不得少于两人，并应当出示行政复议工作证件。

被调查取证的单位和个人应当积极配合行政复议人员的工作，不得拒绝或者阻挠。

◆ **第四十六条　被申请人不得自行取证与例外**

行政复议期间，被申请人不得自行向申请人和其他有关单位或者个人收集证据；自行收集的证据不作为认定行政行为合法性、适当性的依据。

行政复议期间，申请人或者第三人提出被申请行政复议的行政行为作出时没有提出的理由或者证据的，经行政复议机构同意，被申请人可以补充证据。

◆ **第四十七条　申请人、第三人的查阅权**

行政复议期间，申请人、第三人及其委托代理人可以按照规定查阅、复制被申请人提出的书面答复、作出行政行为的证据、依据和其他有关材料，除涉及国家秘密、商业秘密、个人隐私或者可能危及国家安全、公共安全、社会稳定的情形外，行政复议机构应当同意。

实用问答

在海关行政复议案件中，申请人、第三人如何申请查阅有关材料？

答：根据《中华人民共和国海关行政复议办法》第五十四条的规定，申请人、第三人查阅有关材料依照下列规定办理：（1）申请人、第三人向海关行政复议机构提出阅卷要求；（2）海关行政复议机构确定查阅时间后提前通知申请人或者第三人；（3）查阅时，申请人、第三人应当出示身份证件；（4）查阅时，海关行政复议机构工作人员应当在场；（5）申请人、第三人可以摘抄查阅材料的内容；

（6）申请人、第三人不得涂改、毁损、拆换、取走、增添查阅的材料。

第三节 普通程序

◆ **第四十八条 行政复议申请的发送与被申请人的答复和举证**

行政复议机构应当自行政复议申请受理之日起七日内，将行政复议申请书副本或者行政复议申请笔录复印件发送被申请人。被申请人应当自收到行政复议申请书副本或者行政复议申请笔录复印件之日起十日内，提出书面答复，并提交作出行政行为的证据、依据和其他有关材料。

实用问答

1. 自然资源行政复议案件的答复书，应载明哪些事项？

答：根据《自然资源行政复议规定》第二十条的规定，被申请人应当自收到答复通知书之日起10日内，提交行政复议答复书。行政复议答复书应当载明下列事项：（1）被申请人的名称、地址、法定代表人的姓名、职务；（2）委托代理人的姓名、单位、职务、联系方式；（3）作出行政行为的事实和有关证据；（4）作出行政行为所依据的法律、法规、规章和规范性文件的具体条款和内容；（5）对申请人复议请求的意见和理由；（6）作出答复的日期。

2. 海关行政复议答复书应载明哪些内容？

答：根据《中华人民共和国海关行政复议办法》第四十三条的规定，被申请人应当自收到申请书副本或者行政复议申请笔录复印件之日起10日内，向海关行政复议机构提交行政复议答复书，并且提交当初作出行政行为的证据、依据和其他有关材料。行政复议答复书应当载明下列内容：（1）被申请人名称、地址、法定代表人姓名及职务；（2）被申请人作出行政行为的事实、证据、理由及法律依据；（3）对申请人的行政复议申请要求、事实、理由逐条进行答辩和必要的举证；（4）对有关行政行为建议维持、变更、撤销或者确认违法，建议驳回行政复议申请，进行行政复议调解等答复意见；（5）作出答复的时间。

◆ **第四十九条　当面审与书面审**

适用普通程序审理的行政复议案件，行政复议机构应当当面或者通过互联网、电话等方式听取当事人的意见，并将听取的意见记录在案。因当事人原因不能听取意见的，可以书面审理。

◆ **第五十条　行政复议听证程序**

审理重大、疑难、复杂的行政复议案件，行政复议机构应当组织听证。

行政复议机构认为有必要听证，或者申请人请求听证的，行政复议机构可以组织听证。

听证由一名行政复议人员任主持人，两名以上行政复议人员任听证员，一名记录员制作听证笔录。

名词解释

行政复议听证，是指行政复议机构在办理行政复议案件过程中，为查明案件事实，组织听证参加人，通过陈述、辩论等形式对复议案件进行审理的方式。

> **实用问答**

1. 在哪些情况下，农业行政复议案件的行政复议机构可以组织听证？

答：根据《农业部行政复议工作规定》第二十四条的规定，对具有下列情形之一的农业行政复议案件，行政复议机构可以组织听证：（1）当事人对案件事实或适用依据争议较大的；（2）可以适用听证程序作出农业行政处罚决定而未适用的；（3）案情复杂、疑难或者社会影响较大的；（4）行政复议机构认为需要举行听证的其他情形。举行听证不得向当事人收取听证费用。

2. 在哪些情形下，海关行政复议机构可以采取听证的方式审理海关行政复议案件？

答：根据《中华人民共和国海关行政复议办法》第五十六条的规定，有下列情形之一的，海关行政复议机构可以采取听证的方式审理：（1）申请人提出听证要求的；（2）申请人、被申请人对事实争议较大的；（3）申请人对行政行为适用依据有异议的；（4）案件重大、复杂或者争议的标的价值较大的；（5）海关行政复议机构认为有必要听证的其他情形。

◆ **第五十一条　行政复议听证规则**

行政复议机构组织听证的，应当于举行听证的五日前将听证的时间、地点和拟听证事项书面通知当事人。

申请人无正当理由拒不参加听证的，视为放弃听证权利。

被申请人的负责人应当参加听证。不能参加的，应当说明理由并委托相应的工作人员参加听证。

实用问答

1. 工业和信息化部法制工作机构按照什么程序对行政复议案件组织听证审理?

答:根据《工业和信息化部行政复议实施办法》第十六条的规定,对重大、复杂的案件,工业和信息化部法制工作机构可以组织法律顾问、专家进行研究论证;申请人提出要求或者工业和信息化部法制工作机构认为必要时,可以采取听证的方式审理。听证按照下列程序进行:(1)工业和信息化部法制工作机构应当将听证的时间、地点、具体要求等事项提前 5 日通知有关当事人;(2)行政复议听证人员为不少于 3 人的单数,由工业和信息化部法制工作机构确定,并指定其中 1 人为听证主持人;(3)举行听证时,被申请人应当提供书面答复及相关证据、依据等材料,证明其行政行为的合法性、合理性,申请人、第三人可以提出证据进行申辩和质证;(4)听证应当制作笔录,听证笔录应当交听证参加人确认无误后签字或者盖章。

2. 海关行政复议听证应当按照什么程序进行?

答:根据《中华人民共和国海关行政复议办法》第六十一条的规定,行政复议听证应当按照以下程序进行:(1)由主持人宣布听证开始、核对听证参加人身份、告知听证参加人的权利和义务。(2)询问听证参加人是否申请听证人员以及记录员回避,申请回避的,按照《中华人民共和国海关行政复议办法》第四十八条的规定办理。(3)申请人宣读复议申请并且阐述主要理由。(4)被申请人针对行政复议申请进行答辩,就作出原行政行为依据的事实、理由和法律依据进行阐述,并且进行举证。(5)第三人可以阐述意见。(6)申请人、第三人对被申请人的举证可以进行质证或者举证反驳,被申请人对申请人、第三人的反证也可以进行质证和举证反驳。(7)要求证人到场作证的,应当事先经海关行政复议机构同意并且提供证人身份等基本情况。(8)听证主持人和其他听证人员进行询问。(9)申请人、被申请人和第三人没有异议的证据和证明的事实,由主持人当场予以认定;有异议的并且与案件处理结果有关的事实和证据,由主持人当场或者事后经合议予以认定。(10)申请人、被申请人和第三人可以对案件事实、证据、适用法律等进行辩论。(11)申请人、被申请人和第三人进行最后陈述。(12)由申请人、被申请人和第三人对听证笔录内容进行确认,并且当场签名或者盖章;对听证笔录内容有异议的,可以当场更正并且签名或者盖章。

◆ **第五十二条　行政复议委员会**

县级以上各级人民政府应当建立相关政府部门、专家、学者等参与的行政复议委员会,为办理行政复议案件提供咨询意见,并就行政复议工作中的重大事项和共性问题研究提出意见。行政复议委员会的组成和开展工作的具体办法,由国务院行政复议机构制定。

审理行政复议案件涉及下列情形之一的,行政复议机构应当提请行政复议委员会提出咨询意见:

(一)案情重大、疑难、复杂;

(二)专业性、技术性较强;

(三)本法第二十四条第二款规定的行政复议案件;

(四)行政复议机构认为有必要。

行政复议机构应当记录行政复议委员会的咨询意见。

名词解释

行政复议委员会，是指为办理重大、疑难、复杂的行政复议案件提供咨询意见的咨询机构，由相关政府部门、专家、学者等参与。

第四节 简易程序

◆ 第五十三条 行政复议简易程序的适用范围

行政复议机关审理下列行政复议案件，认为事实清楚、权利义务关系明确、争议不大的，可以适用简易程序：

（一）被申请行政复议的行政行为是当场作出；
（二）被申请行政复议的行政行为是警告或者通报批评；
（三）案件涉及款额三千元以下；
（四）属于政府信息公开案件。

除前款规定以外的行政复议案件，当事人各方同意适用简易程序的，可以适用简易程序。

◆ 第五十四条 简易程序的程序性要求

适用简易程序审理的行政复议案件，行政复议机构应当自受理行政复议申请之日起三日内，将行政复议申请书副本或者行政复议申请笔录复印件发送被申请人。被申请人应当自收到行政复议申请书副本或者行政复议申请笔录复印件之日起五日内，提出书面答复，并提交作出行政行为的证据、依据和其他有关材料。

适用简易程序审理的行政复议案件，可以书面审理。

◆ **第五十五条　简易程序与普通程序的转换**

适用简易程序审理的行政复议案件，行政复议机构认为不宜适用简易程序的，经行政复议机构的负责人批准，可以转为普通程序审理。

第五节　行政复议附带审查

◆ **第五十六条　行政复议机关对规范性文件的处理**

申请人依照本法第十三条的规定提出对有关规范性文件的附带审查申请，行政复议机关有权处理的，应当在三十日内依法处理；无权处理的，应当在七日内转送有权处理的行政机关依法处理。

◆ **第五十七条　行政复议机关依据合法性对行政行为的审查处理**

行政复议机关在对被申请人作出的行政行为进行审查时，认为其依据不合法，本机关有权处理的，应当在三十日内依法处理；无权处理的，应当在七日内转送有权处理的国家机关依法处理。

◆ **第五十八条　行政复议机关处理有关规范性文件或者行政行为依据的程序**

行政复议机关依照本法第五十六条、第五十七条的规定有权处理有关规范性文件或者依据的，行政复议机构应当自行政复议中止之日起三日内，书面通知规范性文件或者依据的制定机关就相关条款的合法性提出书面答复。制定机关应当自收到书面通知之日起十日内提交书面答复及相关材料。

行政复议机构认为必要时，可以要求规范性文件或者依据的制定机关当面说明理由，制定机关应当配合。

实用问答

海关行政复议机关按照什么程序进行行政复议附带有关规定审查？

答：根据《中华人民共和国海关行政复议办法》第六十三条的规定，申请人依照《中华人民共和国海关行政复议办法》第三十一条提出对有关规定的审查申请的，海关行政复议机关对该规定有权处理的，应当在30日内依照下列程序处理：（1）依法确认该规定是否与法律、行政法规、规章相抵触；（2）依法确认该规定能否作为被申请人作出行政行为的依据；（3）书面告知申请人对该规定的审查结果。

◆ **第五十九条　行政复议机关对规范性文件的审查处理**

行政复议机关依照本法第五十六条、第五十七条的规定有权处理有关规范性文件或者依据，认为相关条款合法的，在行政复议决定书中一并告知；认为相关条款超越权限或者违反上位法的，决定停止该条款的执行，并责令制定机关予以纠正。

◆ **第六十条　接受转送机关对转送文件的审查处理**

依照本法第五十六条、第五十七条的规定接受转送的行政机关、国家机关应当自收到转送之日起六十日内，将处理意见回复转送的行政复议机关。

第五章　行政复议决定

◆ 第六十一条　行政复议决定的作出程序

行政复议机关依照本法审理行政复议案件,由行政复议机构对行政行为进行审查,提出意见,经行政复议机关的负责人同意或者集体讨论通过后,以行政复议机关的名义作出行政复议决定。

经过听证的行政复议案件,行政复议机关应当根据听证笔录、审查认定的事实和证据,依照本法作出行政复议决定。

提请行政复议委员会提出咨询意见的行政复议案件,行政复议机关应当将咨询意见作为作出行政复议决定的重要参考依据。

名词解释

行政复议机关的负责人同意, 是指情节简单、事实和法律问题清楚的行政复议案件,由行政复议机关的负责人对行政复议机构的处理意见作出同意的表示,以此形成行政复议决定。

行政复议机关集体讨论通过, 是指情节、事实和法律问题比较复杂的行政复议案件,由行政复议机关集体讨论后作出行政复议决定。

◆ 第六十二条　行政复议决定的作出期限

适用普通程序审理的行政复议案件，行政复议机关应当自受理申请之日起六十日内作出行政复议决定；但是法律规定的行政复议期限少于六十日的除外。情况复杂，不能在规定期限内作出行政复议决定的，经行政复议机构的负责人批准，可以适当延长，并书面告知当事人；但是延长期限最多不得超过三十日。

适用简易程序审理的行政复议案件，行政复议机关应当自受理申请之日起三十日内作出行政复议决定。

◆ 第六十三条　变更决定

行政行为有下列情形之一的，行政复议机关决定变更该行政行为：

（一）事实清楚，证据确凿，适用依据正确，程序合法，但是内容不适当；

（二）事实清楚，证据确凿，程序合法，但是未正确适用依据；

（三）事实不清、证据不足，经行政复议机关查清事实和证据。

行政复议机关不得作出对申请人更为不利的变更决定，但是第三人提出相反请求的除外。

◆ 第六十四条　撤销或者部分撤销决定

行政行为有下列情形之一的，行政复议机关决定撤销或者部分撤销该行政行为，并可以责令被申请人在一定期限内重新作出行政行为：

（一）主要事实不清、证据不足；

（二）违反法定程序；

（三）适用的依据不合法；

（四）超越职权或者滥用职权。

行政复议机关责令被申请人重新作出行政行为的，被申请人不得以同一事实和理由作出与被申请行政复议的行政行为相同或者基本相同的行政行为，但是行政复议机关以违反法定程序为由决定撤销或者部分撤销的除外。

实用问答

在什么情形下，海关行政复议机关应当决定撤销、变更或者确认行政行为违法？

答：根据《中华人民共和国海关行政复议办法》第七十一条的规定，行政行为有下列情形之一的，海关行政复议机关应当决定撤销、变更或者确认该行政行为违法：（1）主要事实不清、证据不足的；（2）适用依据错误的；（3）违反法定程序的；（4）超越或者滥用职权的；（5）行政行为明显不当的。

◆ 第六十五条　确认违法决定

行政行为有下列情形之一的，行政复议机关不撤销该行政行为，但是确认该行政行为违法：

（一）依法应予撤销，但是撤销会给国家利益、社会公共利益造成重大损害；

（二）程序轻微违法，但是对申请人权利不产生实际影响。

行政行为有下列情形之一，不需要撤销或者责令履行的，行政复议机关确认该行政行为违法：

（一）行政行为违法，但是不具有可撤销内容；

（二）被申请人改变原违法行政行为，申请人仍要求撤销或者确认该行政行为违法；

（三）被申请人不履行或者拖延履行法定职责，责令履行没有意义。

典型案例

原告陈某某诉被告江苏省生态环境厅行政复议一案的行政判决书[①]

要旨：根据现有证据和庭审查明的事实，原告向灌南环境局申请公开之时，该局正在对案涉项目的环评文件开展初步技术审核，尚未正式受理公示建设项目环境影响评价报告表的信息，故不存在案涉项目的批准文件；在尚未作出环评批准之前，即使灌南环境局收到案涉项目的环评报告，该环评报告亦属于《政府信息公开条例》第十六条第二款规定的过程性信息，不属于政府信息公开的范畴。灌南环境局本应根据《政府信息公开条例》第三十六条第四项的规定，向原告答复该政府信息不存在，但其却告知原告获取该政府信息的方式、途径，与客观事实不符，故该项答复内容不合法；但鉴于该项目目前并未得到正式审批，故撤销该答复内容责令行政机关重新作出答复已无

---

① 参见江苏省南京市中级人民法院（2021）苏01行初78号。

实际意义。至于原告申请公开的灌南环境局聘请法律顾问、律师、支付相关费用的凭证，因其不属于行政机关在履行行政管理职能过程中制作或者获取的信息，灌南环境局的该答复内容合法。被告据此作出确认违法的行政复议决定，符合《行政复议法》第二十八条第一款第三项规定。此外，原告在起诉书中主张的"灌南环境局称飞展公司未批先建至今没有依法进行处罚，不合法"，因与政府信息公开无关，本院依法不予理涉。

◆ 第六十六条　限期履行职责

被申请人不履行法定职责的，行政复议机关决定被申请人在一定期限内履行。

◆ 第六十七条　确认无效决定

行政行为有实施主体不具有行政主体资格或者没有依据等重大且明显违法情形，申请人申请确认行政行为无效的，行政复议机关确认该行政行为无效。

◆ 第六十八条　维持决定

行政行为认定事实清楚，证据确凿，适用依据正确，程序合法，内容适当的，行政复议机关决定维持该行政行为。

◆ 第六十九条　驳回行政复议申请决定

行政复议机关受理申请人认为被申请人不履行法定职责的行政复议申请后，发现被申请人没有相应法定职责或者在受理前已经履行法定职责的，决定驳回申请人的行政复议请求。

◆ 第七十条 举证不能的法律后果

被申请人不按照本法第四十八条、第五十四条的规定提出书面答复、提交作出行政行为的证据、依据和其他有关材料的，视为该行政行为没有证据、依据，行政复议机关决定撤销、部分撤销该行政行为，确认该行政行为违法、无效或者决定被申请人在一定期限内履行，但是行政行为涉及第三人合法权益，第三人提供证据的除外。

◆ 第七十一条 行政协议履行及补偿决定

被申请人不依法订立、不依法履行、未按照约定履行或者违法变更、解除行政协议的，行政复议机关决定被申请人承担依法订立、继续履行、采取补救措施或者赔偿损失等责任。

被申请人变更、解除行政协议合法，但是未依法给予补偿或者补偿不合理的，行政复议机关决定被申请人依法给予合理补偿。

名词解释

行政协议，是指行政机关为了实现行政管理或者公共服务目标，与公民、法人或者其他组织协商订立的具有行政法上权利义务内容的协议。比如，政府特许经营协议、土地房屋征收补偿协议等。

实用问答

公民、法人或者其他组织未按照行政协议约定履行义务，行政机关如何督促其履行？

答：公民、法人或者其他组织未按照行政协议约定履行义务，经催告后不履行，行政机关可以作出要求其履行协议的书面决定。公民、法人或者其他组织收到书面决定后在法定期限内未申请行政复议或者提起行政诉讼，且仍不履行，协议内容具有可执行性的，行政机关可以向人民法院申请强制执行。

法律、行政法规规定行政机关对行政协议享有监督协议履行的职权，公民、法人或者其他组织未按照约定履行义务，经催告后不履行，行政机关可以依法作出处理决定。公民、法人或者其他组织在收到该处理决定后在法定期限内未申请行政复议或者提起行政诉讼，且仍不履行，协议内容具有可执行性的，行政机关可以向人民法院申请强制执行。

◆ **第七十二条　行政赔偿决定**

申请人在申请行政复议时一并提出行政赔偿请求，行政复议机关对依照《中华人民共和国国家赔偿法》的有关规定应当不予赔偿的，在作出行政复议决定时，应当同时决定驳回行政赔偿请求；对符合《中华人民共和国国家赔偿法》的有关规定应当给予赔偿的，在决定撤销或者部分撤销、变更行政行为或者确认行政行为违法、无效时，应当同时决定被申请人依法给予赔偿；确认行政行为违法的，还可以同时责令被申请人采取补救措施。

申请人在申请行政复议时没有提出行政赔偿请求的，行政复议机关在依法决定撤销或者部分撤销、变更罚款，撤销或者部分撤销违法集资、没收财物、征收征用、摊派费用以及对财产的查封、扣押、冻结等行政行为时，应当同时责令被申请人返还财产，解除对财产的查封、扣押、冻结措施，或者赔偿相应的价款。

实用问答

1. 行政机关及其工作人员在行使行政职权时，出现哪些侵犯人身权的情形时，受害人有取得赔偿的权利？

答：根据《国家赔偿法》第三条的规定，行政机关及其工作人员在行使行政职权时有下列侵犯人身权情形之一的，受害人有取得赔偿的权利：（1）违法拘留或者违法采取限制公民人身自由的行政强制措施的；（2）非法拘禁或者以其他方法非法剥夺公民人身自由的；（3）以殴打、虐待等行为或者唆使、放纵他人以殴打、虐待等行为造成公民身体伤害或者死亡的；（4）违法使用武器、警械造成公民身体伤害或者死亡的；（5）造成公民身体伤害或者死亡的其他违法行为。

2. 行政机关及其工作人员在行使行政职权时，出现哪些侵犯财产权的情形时，受害人有取得赔偿的权利？

答：根据《国家赔偿法》第四条的规定，行政机关及其工作人员在行使行政职权时有下列侵犯财产权情形之一的，受害人有取得赔偿的权利：（1）违法实施罚款、吊销许可证和执照、责令停产停业、没收财物等行政处罚的；（2）违法对财产采取查封、扣押、冻结等行政强制措施的；（3）违法征收、征用财产的；（4）造成财产损害的其他违法行为。

3. 在哪些情形下，国家不承担赔偿责任？

答：根据《国家赔偿法》第五条的规定，属于下列情形之一的，国家不承担赔偿责任：（1）行政机关工作人员与行使职权无关的个人行为；（2）因公民、法人和其他组织自己的行为致使损害发生的；（3）法律规定的其他情形。

4. 要求国家赔偿的赔偿请求人递交的申请书应当载明哪些事项？

答：根据《国家赔偿法》第十二条的规定，要求赔偿应当递交申请书，申请书应当载明下列事项：（1）受害人的姓名、性别、年龄、工作单位和住所，法人或者其他组织的名称、住所和法定代表人或者主要负责人的姓名、职务；（2）具体的要求、事实根据和理由；（3）申请的年、月、日。

◆ 第七十三条 行政复议调解

当事人经调解达成协议的，行政复议机关应当制作行政复议调解书，经各方当事人签字或者签章，并加盖行政复议机关印章，即具有法律效力。

调解未达成协议或者调解书生效前一方反悔的，行政复议机关应当依法审查或者及时作出行政复议决定。

名词解释

行政复议调解书，是替代行政复议决定的一种形式，是指在当事人达成调解协议后，行政复议机关制作的调解书。行政复议调解书应当载明行政复议请求、事实、理由和调解结果，并加盖行政复议机关印章。

实用问答

1. 在哪些情形下，农业行政复议案件可以调解？

答：根据《农业部行政复议工作规定》第三十二条的规定，有下列情形之一的，行政复议机构可以按照自愿、合法的原则进行调解，调解不得损害公共利益和他人的合法权益：（1）申请人对被申请人行使法律、行政法规规定的自由裁量权作出的行政行为不服申请行政复议的；（2）当事人之间因行政赔偿或者行政补偿发生纠纷的。

2. 在哪些情形下，海关行政复议案件可以调解？

答：根据《中华人民共和国海关行政复议办法》第八十八条的规定，有下列情形之一的，海关行政复议机关可以按照自愿、合法的原则进行调解：（1）公民、法人或者其他组织对海关行使法律、行政法规或者海关规章规定的自由裁量权作出的行政行为不服申请行政复议的；（2）行政赔偿、查验赔偿或者行政补偿纠纷。

3. 海关行政复议机关主持调解应当按照什么程序进行？

答：根据《中华人民共和国海关行政复议办法》第九十条的规定，海关行政复议机关主持调解应当按照下列程序进行：（1）征求申请人和被申请人是否同意进行调解的意愿；（2）经申请人和被申请人同意后开始调解；（3）听取申请人和被申请人的意见；（4）提出调解方案；（5）达成调解协议。调解期间申请人或者被申请人明确提出不进行调解的，应当终止调解。终止调解后，申请人、被申请人再次请求海关行政复议机关主持调解的，应当准许。

4. 海关行政复议机关制作的行政复议调解书应当载明哪些内容？

答：根据《中华人民共和国海关行政复议办法》第九十一条的规定，申请人和被申请人经调解达成协议的，海关行政复议机关应当制作行政复议调解书。行政复议调解书应当载明下列内容：（1）申请人姓名、性别、年龄、职业、住址（法人或者其他组织的名称、地址、法定代表人或者主要负责人的姓名、职务）；（2）被申请人名称、地址、法定代表人姓名；（3）申请人申请行政复议的请求、事实和理由；（4）被申请人答复的事实、理由、证据和依据；（5）行政复议认定的事实和相应的证据；（6）进行调解的基本情况；（7）调解结果；（8）申请人、被申请人履行调解书的义务；（9）日期。

◆ **第七十四条　行政复议和解与撤回申请**

当事人在行政复议决定作出前可以自愿达成和解，和解内容不得损害国家利益、社会公共利益和他人合法权益，不得违反法律、法规的强制性规定。

当事人达成和解后，由申请人向行政复议机构撤回行政复议申请。行政复议机构准予撤回行政复议申请、行政复议机关决定终止行政复议的，申请人不得再以同一事实和理由提出行政复议申请。但是，申请人能够证明撤回行政复议申请违背其真实意愿的除外。

名词解释

行政复议和解： 在行政复议的过程中，行政机关与行政相对人在行政复议机关的主持和协调下，针对行政争议问题在自愿、合法原则下形成合意、解决纠纷的活动。

◆ **第七十五条　行政复议决定书**

行政复议机关作出行政复议决定，应当制作行政复议决定书，并加盖行政复议机关印章。

行政复议决定书一经送达，即发生法律效力。

名词解释

行政复议决定书： 是行政复议决定的载体，是指行政机关对审理终结的行政复议案件，依据法律、法规、规章，对其法律问题和事实问题等作出权威性判定的法律文书。

◆ 第七十六条 行政复议意见书

行政复议机关在办理行政复议案件过程中,发现被申请人或者其他下级行政机关的有关行政行为违法或者不当的,可以向其制发行政复议意见书。有关机关应当自收到行政复议意见书之日起六十日内,将纠正相关违法或者不当行政行为的情况报送行政复议机关。

名词解释

行政复议意见书,是指在行政复议期间,行政复议机关发现被申请人或者其他下级行政机关的有关行政行为违法或者不当时,为了督促下级行政机关纠正违法或者不当的相关行政行为或者要求下级行政机关就个案做好善后工作,以行政复议机关名义将行政复议意见制作成的法律文书。

◆ 第七十七条 复议决定书、调解书、意见书的履行

被申请人应当履行行政复议决定书、调解书、意见书。

被申请人不履行或者无正当理由拖延履行行政复议决定书、调解书、意见书的,行政复议机关或者有关上级行政机关应当责令其限期履行,并可以约谈被申请人的有关负责人或者予以通报批评。

实用问答

1. 自然资源行政复议案件中,行政复议机关收到责令履行申请书,如何办理?

答:根据《自然资源行政复议规定》第三十四条的规定,行政

复议机关收到责令履行申请书,应当向被申请人进行调查或者核实,依照下列规定办理:(1)被申请人已经履行行政复议决定,并将履行情况相关法律文书送达申请人的,应当联系申请人予以确认,并做好记录。(2)被申请人已经履行行政复议决定,但尚未将履行情况相关法律文书送达申请人的,应当督促被申请人将相关法律文书送达申请人;被申请人应当将相关法律文书送达情况及时报告行政复议机关。(3)被申请人逾期未履行行政复议决定的,应当责令被申请人在规定的期限内履行。被申请人拒不履行的,行政复议机关可以将有关材料移送纪检监察机关;被申请人应当在收到书面通知之日起30日内履行完毕,并书面报告行政复议机关。被申请人认为没有条件履行的,应当说明理由并提供相关证据、依据。

2. 自然资源行政复议案件中,在哪些情形下,行政复议机关可以决定被申请人中止履行行政复议决定?

答:根据《自然资源行政复议规定》第三十五条的规定,有下列情形之一的,行政复议机关可以决定被申请人中止履行行政复议决定:(1)有新的事实和证据,足以影响行政复议决定履行的;(2)行政复议决定履行需要以其他案件的审理结果为依据,而其他案件尚未审结的;(3)被申请人与申请人达成中止履行协议,双方提出中止履行申请的;(4)因不可抗力等其他原因需要中止履行的。上述前三项规定的中止履行协议不得损害国家利益、社会公共利益和他人的合法权益。

◆ **第七十八条 复议决定书、调解书的强制执行**

申请人、第三人逾期不起诉又不履行行政复议决定书、调解书的,或者不履行最终裁决的行政复议决定的,按照下列规定分别处理:

（一）维持行政行为的行政复议决定书，由作出行政行为的行政机关依法强制执行，或者申请人民法院强制执行；

（二）变更行政行为的行政复议决定书，由行政复议机关依法强制执行，或者申请人民法院强制执行；

（三）行政复议调解书，由行政复议机关依法强制执行，或者申请人民法院强制执行。

实用问答

不履行海关行政复议决定的，如何强制执行？

答：根据《中华人民共和国海关行政复议办法》第九十五条的规定，申请人在法定期限内未提起行政诉讼又不履行海关行政复议决定的，按照下列规定分别处理：（1）维持行政行为的海关行政复议决定，由作出行政行为的海关依法强制执行或者申请人民法院强制执行；（2）变更行政行为的海关行政复议决定，由海关行政复议机关依法强制执行或者申请人民法院强制执行。海关行政复议机关也可以指定作出行政行为的海关依法强制执行，被指定的海关应当及时将执行情况上报海关行政复议机关。

◆ 第七十九条　行政复议决定书公开与复议决定、意见书抄告

行政复议机关根据被申请行政复议的行政行为的公开情况，按照国家有关规定将行政复议决定书向社会公开。

县级以上地方各级人民政府办理以本级人民政府工作部门为被申请人的行政复议案件，应当将发生法律效力的行政复议决定书、意见书同时抄告被申请人的上一级主管部门。

第六章 法律责任

◆ **第八十条 复议机关不依法履行职责的处分**

行政复议机关不依照本法规定履行行政复议职责，对负有责任的领导人员和直接责任人员依法给予警告、记过、记大过的处分；经有权监督的机关督促仍不改正或者造成严重后果的，依法给予降级、撤职、开除的处分。

实用问答

1. 政务处分的期间是多长？

答：根据《公职人员政务处分法》第八条的规定，政务处分的期间为：（1）警告，6个月；（2）记过，12个月；（3）记大过，18个月；（4）降级、撤职，24个月。政务处分决定自作出之日起生效，政务处分期自政务处分决定生效之日起计算。

2. 在哪些情形下，公职人员可以被从轻或者减轻给予政务处分？

答：根据《公职人员政务处分法》第十一条的规定，公职人员有下列情形之一的，可以从轻或者减轻给予政务处分：（1）主动交代本人应当受到政务处分的违法行为的；（2）配合调查，如实说明本人违法事实的；（3）检举他人违纪违法行为，经查证属实的；（4）主动采取措施，有效避免、挽回损失或者消除不良影响的；（5）在共同违法行为中起次要或者辅助作用的；（6）主动上交或者退赔违法所得的；（7）法律、法规规定的其他从轻或者减轻情节。

3. 在哪些情形下，自然资源行政复议机关工作人员违反规定，情节严重的，对直接负责的责任人员依法给予处分？

答：根据《自然资源行政复议规定》第三十九条的规定，行政复议机关工作人员违反《自然资源行政复议规定》，有下列情形之一，情节严重的，对直接负责的责任人员依法给予处分：（1）未登记行政复议申请，导致记录不全或者遗漏的；（2）未按时将行政复议申请转交行政复议机构的；（3）未保障行政复议当事人、代理人阅卷权的；（4）未妥善保管案卷材料，或者未按要求将行政复议案卷归档，导致案卷不全或者遗失的；（5）未对收到的责令履行申请书进行调查核实的；（6）未履行行政复议职责，导致矛盾上交或者激化的。

◆ **第八十一条　渎职、失职行为的法律责任**

行政复议机关工作人员在行政复议活动中，徇私舞弊或者有其他渎职、失职行为的，依法给予警告、记过、记大过的处分；情节严重的，依法给予降级、撤职、开除的处分；构成犯罪的，依法追究刑事责任。

名词解释

行政复议机关工作人员徇私舞弊，是一种典型的渎职行为，指行政复议机关工作人员从私人利益出发，为贪取财物、出卖人情等而在行政复议活动中不顾事实和法律，该为而不为或乱为的一种违法行为。

行政复议机关工作人员渎职，是指行政复议机关工作人员利用职务上的便利或者徇私舞弊、滥用职权、玩忽职守，妨害行政复议活动的合法、公正、有效执行，从而损害公众对行政复议机关工作人员职务活动客观公正性的信赖，致使国家与人民利益遭受损失。

刑事责任，又称刑罚，是依据国家刑事法律规定对实施犯罪行为的行为人所给予的处罚。刑罚包括主刑和附加刑两种。主刑包括管制、拘役、有期徒刑、无期徒刑、死刑。附加刑包括罚金、剥夺政治权利、没收财产。附加刑也可以独立适用。此外，对于犯罪的外国人，可以独立适用或者附加适用驱逐出境。

◆ **第八十二条　被申请人不提出书面答复、不提交有关材料、干扰破坏行政复议活动的法律责任**

被申请人违反本法规定，不提出书面答复或者不提交作出行政行为的证据、依据和其他有关材料，或者阻挠、变相阻挠公民、法人或者其他组织依法申请行政复议的，对负有责任的领导人员和直接责任人员依法给予警告、记过、记大过的处分；进行报复陷害的，依法给予降级、撤职、开除的处分；构成犯罪的，依法追究刑事责任。

实用问答

在哪些情形下，自然资源行政复议案件中的被申请人及其工作人员违反规定，情节严重的，对直接负责的责任人员依法给予处分？

答：根据《自然资源行政复议规定》第四十条的规定，被申请人及其工作人员违反《自然资源行政复议规定》的规定，有下列情形之一，情节严重的，对直接负责的责任人员依法给予处分：（1）不提出行政复议答复或者无正当理由逾期答复的；（2）不提交作出原行政行为的证据、依据和其他有关材料的；（3）不配合行政复议机关开展行政复议案件审理工作的；（4）不配合行政复议机关调查核实行政复议决定履行情况的；（5）不履行或者无正当理由拖延履行行政复议决定的；（6）不与行政复议机关在共同应诉工作中沟通、配合，导致不良后果的；（7）对收到的行政复议意见书无正当理由，不予书面答复或者逾期作出答复的。

◆ **第八十三条　被申请人不履行、拖延履行复议决定、调解书、意见书的法律责任**

被申请人不履行或者无正当理由拖延履行行政复议决定书、调解书、意见书的，对负有责任的领导人员和直接责任人员依法给予警告、记过、记大过的处分；经责令履行仍拒不履行的，依法给予降级、撤职、开除的处分。

◆ **第八十四条　拒绝、阻挠调查取证的法律责任**

拒绝、阻挠行政复议人员调查取证，故意扰乱行政复议工作秩序的，依法给予处分、治安管理处罚；构成犯罪的，依法追究刑事责任。

◆ **第八十五条　行政复议机关移送违法事实材料**

行政机关及其工作人员违反本法规定的，行政复议机关可以向监察机关或者公职人员任免机关、单位移送有关人员违法的事实材料，接受移送的监察机关或者公职人员任免机关、单位应当依法处理。

◆ **第八十六条 职务违法犯罪问题线索的移送**

行政复议机关在办理行政复议案件过程中,发现公职人员涉嫌贪污贿赂、失职渎职等职务违法或者职务犯罪的问题线索,应当依照有关规定移送监察机关,由监察机关依法调查处置。

名词解释

公职人员,是指下列人员:(1)中国共产党机关、人民代表大会及其常务委员会机关、人民政府、监察委员会、人民法院、人民检察院、中国人民政治协商会议各级委员会机关、民主党派机关和工商业联合会机关的公务员,以及参照《公务员法》管理的人员;(2)法律、法规授权或者受国家机关依法委托管理公共事务的组织中从事公务的人员;(3)国有企业管理人员;(4)公办的教育、科研、文化、医疗卫生、体育等单位中从事管理的人员;(5)基层群众性自治组织中从事管理的人员;(6)其他依法履行公职的人员。

第七章 附 则

◆ 第八十七条 行政复议不收费原则

行政复议机关受理行政复议申请,不得向申请人收取任何费用。

◆ 第八十八条 期间计算和文书送达

行政复议期间的计算和行政复议文书的送达,本法没有规定的,依照《中华人民共和国民事诉讼法》关于期间、送达的规定执行。

本法关于行政复议期间有关"三日"、"五日"、"七日"、"十日"的规定是指工作日,不含法定休假日。

◆ 第八十九条 外国人、无国籍人、外国组织的法律适用

外国人、无国籍人、外国组织在中华人民共和国境内申请行政复议,适用本法。

◆ 第九十条 施行时间

本法自 2024 年 1 月 1 日起施行。

附录一　相关法律法规

中华人民共和国行政诉讼法

（1989年4月4日第七届全国人民代表大会第二次会议通过　根据2014年11月1日第十二届全国人民代表大会常务委员会第十一次会议《关于修改〈中华人民共和国行政诉讼法〉的决定》第一次修正　根据2017年6月27日第十二届全国人民代表大会常务委员会第二十八次会议《关于修改〈中华人民共和国民事诉讼法〉和〈中华人民共和国行政诉讼法〉的决定》第二次修正）

第一章　总　　则

第一条　【立法目的】为保证人民法院公正、及时审理行政案件，解决行政争议，保护公民、法人和其他组织的合法权益，监督行政机关依法行使职权，根据宪法，制定本法。

第二条　【诉权】公民、法人或者其他组织认为行政机关和行政机关工作人员的行政行为侵犯其合法权益，有权依照本法向人民法院提起诉讼。

前款所称行政行为，包括法律、法规、规章授权的组织作出的行政行为。

第三条　【权利与义务】人民法院应当保障公民、法人和其他组织的起诉权利，对应当受理的行政案件依法受理。

行政机关及其工作人员不得干预、阻碍人民法院受理行政案件。

被诉行政机关负责人应当出庭应诉。不能出庭的，应当委托行政机关相应的工作人员出庭。

第四条　【独立行使审判权】人民法院依法对行政案件独立行使审判权，不受行政机关、社会团体和个人的干涉。

人民法院设行政审判庭，审理行政案件。

第五条　【以事实为根据，以法律为准绳原则】人民法院审理行政案件，以事实为根据，以法律为准绳。

第六条　【合法性审查原则】人民法院审理行政案件，对行政行为是否合法进行审查。

第七条　【合议、回避、公开审判和两审终审原则】人民法院审理行政案件，依法实行合议、回避、公开审判和两审终审制度。

第八条　【法律地位平等原则】当事人在行政诉讼中的法律地位平等。

第九条　【本民族语言文字原则】各民族公民都有用本民族语言、文字进行行政诉讼的权利。

在少数民族聚居或者多民族共同居住的地区，人民法院应当用当地民族通用的语言、文字进行审理和发布法律文书。

人民法院应当对不通晓当地民族通用的语言、文字的诉讼参与人提供翻译。

第十条　【辩论原则】当事人在行政诉讼中有权进行辩论。

第十一条　【法律监督原则】人民检察院有权对行政诉讼实行法律监督。

第二章　受案范围

第十二条　【行政诉讼受案范围】人民法院受理公民、法人或者其他组织提起的下列诉讼：

（一）对行政拘留、暂扣或者吊销许可证和执照、责令停产停业、没收违法所得、没收非法财物、罚款、警告等行政处罚不服的；

（二）对限制人身自由或者对财产的查封、扣押、冻结等行政强制措施和行政强制执行不服的；

（三）申请行政许可，行政机关拒绝或者在法定期限内不予答复，或者对行政机关作出的有关行政许可的其他决定不服的；

（四）对行政机关作出的关于确认土地、矿藏、水流、森林、山岭、草原、荒地、滩涂、海域等自然资源的所有权或者使用权的决定不服的；

（五）对征收、征用决定及其补偿决定不服的；

（六）申请行政机关履行保护人身权、财产权等合法权益的法定职责，行政机关拒绝履行或者不予答复的；

（七）认为行政机关侵犯其经营自主权或者农村土地承包经营权、农村土地经营权的；

（八）认为行政机关滥用行政权力排除或者限制竞争的；

（九）认为行政机关违法集资、摊派费用或者违法要求履行其他义务的；

（十）认为行政机关没有依法支付抚恤金、最低生活保障待遇或者社会保险待遇的；

（十一）认为行政机关不依法履行、未按照约定履行或者违法变更、解除政府特许经营协议、土地房屋征收补偿协议等协议的；

（十二）认为行政机关侵犯其他人身权、财产权等合法权益的。

除前款规定外，人民法院受理法律、法规规定可以提起诉讼的其他行政案件。

第十三条 【受案范围的排除】人民法院不受理公民、法人或者其他组织对下列事项提起的诉讼：

（一）国防、外交等国家行为；

（二）行政法规、规章或者行政机关制定、发布的具有普遍约束力的决定、命令；

（三）行政机关对行政机关工作人员的奖惩、任免等决定；

（四）法律规定由行政机关最终裁决的行政行为。

第三章　管　辖

第十四条　【基层人民法院管辖第一审行政案件】基层人民法院管辖第一审行政案件。

第十五条　【中级人民法院管辖的第一审行政案件】中级人民法院管辖下列第一审行政案件：

（一）对国务院部门或者县级以上地方人民政府所作的行政行为提起诉讼的案件；

（二）海关处理的案件；

（三）本辖区内重大、复杂的案件；

（四）其他法律规定由中级人民法院管辖的案件。

第十六条　【高级人民法院管辖的第一审行政案件】高级人民法院管辖本辖区内重大、复杂的第一审行政案件。

第十七条　【最高人民法院管辖的第一审行政案件】最高人民法院管辖全国范围内重大、复杂的第一审行政案件。

第十八条　【一般地域管辖和法院跨行政区域管辖】行政案件由最初作出行政行为的行政机关所在地人民法院管辖。经复议的案件，也可以由复议机关所在地人民法院管辖。

经最高人民法院批准，高级人民法院可以根据审判工作的实际情况，确定若干人民法院跨行政区域管辖行政案件。

第十九条　【限制人身自由行政案件的管辖】对限制人身自由的行政强制措施不服提起的诉讼，由被告所在地或者原告所在地人民法院管辖。

第二十条 【不动产行政案件的管辖】因不动产提起的行政诉讼，由不动产所在地人民法院管辖。

第二十一条 【选择管辖】两个以上人民法院都有管辖权的案件，原告可以选择其中一个人民法院提起诉讼。原告向两个以上有管辖权的人民法院提起诉讼的，由最先立案的人民法院管辖。

第二十二条 【移送管辖】人民法院发现受理的案件不属于本院管辖的，应当移送有管辖权的人民法院，受移送的人民法院应当受理。受移送的人民法院认为受移送的案件按照规定不属于本院管辖的，应当报请上级人民法院指定管辖，不得再自行移送。

第二十三条 【指定管辖】有管辖权的人民法院由于特殊原因不能行使管辖权的，由上级人民法院指定管辖。

人民法院对管辖权发生争议，由争议双方协商解决。协商不成的，报它们的共同上级人民法院指定管辖。

第二十四条 【管辖权转移】上级人民法院有权审理下级人民法院管辖的第一审行政案件。

下级人民法院对其管辖的第一审行政案件，认为需要由上级人民法院审理或者指定管辖的，可以报请上级人民法院决定。

第四章　诉讼参加人

第二十五条 【原告资格】行政行为的相对人以及其他与行政行为有利害关系的公民、法人或者其他组织，有权提起诉讼。

有权提起诉讼的公民死亡，其近亲属可以提起诉讼。

有权提起诉讼的法人或者其他组织终止，承受其权利的法人或者其他组织可以提起诉讼。

人民检察院在履行职责中发现生态环境和资源保护、食品药品安全、国有财产保护、国有土地使用权出让等领域负有监督管理职责的行政机关违法行使职权或者不作为，致使国家利益或者社会公共利益受到侵害的，应当向行政机关提出检察建议，督促其依法履行职责。行政机关不依法履行职责的，人民检察院依法向人民法院提起诉讼。

第二十六条　【被告资格】公民、法人或者其他组织直接向人民法院提起诉讼的，作出行政行为的行政机关是被告。

经复议的案件，复议机关决定维持原行政行为的，作出原行政行为的行政机关和复议机关是共同被告；复议机关改变原行政行为的，复议机关是被告。

复议机关在法定期限内未作出复议决定，公民、法人或者其他组织起诉原行政行为的，作出原行政行为的行政机关是被告；起诉复议机关不作为的，复议机关是被告。

两个以上行政机关作出同一行政行为的，共同作出行政行为的行政机关是共同被告。

行政机关委托的组织所作的行政行为，委托的行政机关是被告。

行政机关被撤销或者职权变更的，继续行使其职权的行政机关是被告。

第二十七条　【共同诉讼】当事人一方或者双方为二人以上，因同一行政行为发生的行政案件，或者因同类行政行为发生的行政案件、人民法院认为可以合并审理并经当事人同意的，为共同诉讼。

第二十八条　【代表人诉讼】当事人一方人数众多的共同诉讼，可以由当事人推选代表人进行诉讼。代表人的诉讼行为对其所代表的当事人发生效力，但代表人变更、放弃诉讼请求或者承认对方当事人的诉讼请求，应当经被代表的当事人同意。

第二十九条　【诉讼第三人】公民、法人或者其他组织同被诉行政行为有利害关系但没有提起诉讼,或者同案件处理结果有利害关系的,可以作为第三人申请参加诉讼,或者由人民法院通知参加诉讼。

人民法院判决第三人承担义务或者减损第三人权益的,第三人有权依法提起上诉。

第三十条　【法定代理人】没有诉讼行为能力的公民,由其法定代理人代为诉讼。法定代理人互相推诿代理责任的,由人民法院指定其中一人代为诉讼。

第三十一条　【委托代理人】当事人、法定代理人,可以委托一至二人作为诉讼代理人。

下列人员可以被委托为诉讼代理人:

(一)律师、基层法律服务工作者;

(二)当事人的近亲属或者工作人员;

(三)当事人所在社区、单位以及有关社会团体推荐的公民。

第三十二条　【当事人及诉讼代理人权利】代理诉讼的律师,有权按照规定查阅、复制本案有关材料,有权向有关组织和公民调查,收集与本案有关的证据。对涉及国家秘密、商业秘密和个人隐私的材料,应当依照法律规定保密。

当事人和其他诉讼代理人有权按照规定查阅、复制本案庭审材料,但涉及国家秘密、商业秘密和个人隐私的内容除外。

第五章　证　　据

第三十三条　【证据种类】证据包括:

(一)书证;

(二)物证;

(三)视听资料;

（四）电子数据；

（五）证人证言；

（六）当事人的陈述；

（七）鉴定意见；

（八）勘验笔录、现场笔录。

以上证据经法庭审查属实，才能作为认定案件事实的根据。

第三十四条　【被告举证责任】被告对作出的行政行为负有举证责任，应当提供作出该行政行为的证据和所依据的规范性文件。

被告不提供或者无正当理由逾期提供证据，视为没有相应证据。但是，被诉行政行为涉及第三人合法权益，第三人提供证据的除外。

第三十五条　【行政机关收集证据的限制】在诉讼过程中，被告及其诉讼代理人不得自行向原告、第三人和证人收集证据。

第三十六条　【被告延期提供证据和补充证据】被告在作出行政行为时已经收集了证据，但因不可抗力等正当事由不能提供的，经人民法院准许，可以延期提供。

原告或者第三人提出了其在行政处理程序中没有提出的理由或者证据的，经人民法院准许，被告可以补充证据。

第三十七条　【原告可以提供证据】原告可以提供证明行政行为违法的证据。原告提供的证据不成立的，不免除被告的举证责任。

第三十八条　【原告举证责任】在起诉被告不履行法定职责的案件中，原告应当提供其向被告提出申请的证据。但有下列情形之一的除外：

（一）被告应当依职权主动履行法定职责的；

（二）原告因正当理由不能提供证据的。

在行政赔偿、补偿的案件中，原告应当对行政行为造成的损害提供证据。因被告的原因导致原告无法举证的，由被告承担举证责任。

第三十九条 【法院要求当事人提供或者补充证据】人民法院有权要求当事人提供或者补充证据。

第四十条 【法院调取证据】人民法院有权向有关行政机关以及其他组织、公民调取证据。但是，不得为证明行政行为的合法性调取被告作出行政行为时未收集的证据。

第四十一条 【申请法院调取证据】与本案有关的下列证据，原告或者第三人不能自行收集的，可以申请人民法院调取：

（一）由国家机关保存而须由人民法院调取的证据；

（二）涉及国家秘密、商业秘密和个人隐私的证据；

（三）确因客观原因不能自行收集的其他证据。

第四十二条 【证据保全】在证据可能灭失或者以后难以取得的情况下，诉讼参加人可以向人民法院申请保全证据，人民法院也可以主动采取保全措施。

第四十三条 【证据适用规则】证据应当在法庭上出示，并由当事人互相质证。对涉及国家秘密、商业秘密和个人隐私的证据，不得在公开开庭时出示。

人民法院应当按照法定程序，全面、客观地审查核实证据。对未采纳的证据应当在裁判文书中说明理由。

以非法手段取得的证据，不得作为认定案件事实的根据。

第六章　起诉和受理

第四十四条 【行政复议与行政诉讼】对属于人民法院受案范围的行政案件，公民、法人或者其他组织可以先向行政机关申请复议，对复议决定不服的，再向人民法院提起诉讼；也可以直接向人民法院提起诉讼。

法律、法规规定应当先向行政机关申请复议，对复议决定不服再向人民法院提起诉讼的，依照法律、法规的规定。

第四十五条 【经行政复议的起诉期限】公民、法人或者其他组织不服复议决定的，可以在收到复议决定书之日起十五日内向人民法院提起诉讼。复议机关逾期不作决定的，申请人可以在复议期满之日起十五日内向人民法院提起诉讼。法律另有规定的除外。

第四十六条 【起诉期限】公民、法人或者其他组织直接向人民法院提起诉讼的，应当自知道或者应当知道作出行政行为之日起六个月内提出。法律另有规定的除外。

因不动产提起诉讼的案件自行政行为作出之日起超过二十年，其他案件自行政行为作出之日起超过五年提起诉讼的，人民法院不予受理。

第四十七条 【行政机关不履行法定职责的起诉期限】公民、法人或者其他组织申请行政机关履行保护其人身权、财产权等合法权益的法定职责，行政机关在接到申请之日起两个月内不履行的，公民、法人或者其他组织可以向人民法院提起诉讼。法律、法规对行政机关履行职责的期限另有规定的，从其规定。

公民、法人或者其他组织在紧急情况下请求行政机关履行保护其人身权、财产权等合法权益的法定职责，行政机关不履行的，提起诉讼不受前款规定期限的限制。

第四十八条 【起诉期限的扣除和延长】公民、法人或者其他组织因不可抗力或者其他不属于其自身的原因耽误起诉期限的，被耽误的时间不计算在起诉期限内。

公民、法人或者其他组织因前款规定以外的其他特殊情况耽误起诉期限的，在障碍消除后十日内，可以申请延长期限，是否准许由人民法院决定。

第四十九条 【起诉条件】提起诉讼应当符合下列条件：

（一）原告是符合本法第二十五条规定的公民、法人或者其他组织；

（二）有明确的被告；

（三）有具体的诉讼请求和事实根据；

（四）属于人民法院受案范围和受诉人民法院管辖。

第五十条 【起诉方式】起诉应当向人民法院递交起诉状，并按照被告人数提出副本。

书写起诉状确有困难的，可以口头起诉，由人民法院记入笔录，出具注明日期的书面凭证，并告知对方当事人。

第五十一条 【登记立案】人民法院在接到起诉状时对符合本法规定的起诉条件的，应当登记立案。

对当场不能判定是否符合本法规定的起诉条件的，应当接收起诉状，出具注明收到日期的书面凭证，并在七日内决定是否立案。不符合起诉条件的，作出不予立案的裁定。裁定书应当载明不予立案的理由。原告对裁定不服的，可以提起上诉。

起诉状内容欠缺或者有其他错误的，应当给予指导和释明，并一次性告知当事人需要补正的内容。不得未经指导和释明即以起诉不符合条件为由不接收起诉状。

对于不接收起诉状、接收起诉状后不出具书面凭证，以及不一次性告知当事人需要补正的起诉状内容的，当事人可以向上级人民法院投诉，上级人民法院应当责令改正，并对直接负责的主管人员和其他直接责任人员依法给予处分。

第五十二条 【法院不立案的救济】人民法院既不立案，又不作出不予立案裁定的，当事人可以向上一级人民法院起诉。上一级人民法院认为符合起诉条件的，应当立案、审理，也可以指定其他下级人民法院立案、审理。

第五十三条 【规范性文件的附带审查】 公民、法人或者其他组织认为行政行为所依据的国务院部门和地方人民政府及其部门制定的规范性文件不合法,在对行政行为提起诉讼时,可以一并请求对该规范性文件进行审查。

前款规定的规范性文件不含规章。

第七章 审理和判决

第一节 一般规定

第五十四条 【公开审理原则】 人民法院公开审理行政案件,但涉及国家秘密、个人隐私和法律另有规定的除外。

涉及商业秘密的案件,当事人申请不公开审理的,可以不公开审理。

第五十五条 【回避】 当事人认为审判人员与本案有利害关系或者有其他关系可能影响公正审判,有权申请审判人员回避。

审判人员认为自己与本案有利害关系或者有其他关系,应当申请回避。

前两款规定,适用于书记员、翻译人员、鉴定人、勘验人。

院长担任审判长时的回避,由审判委员会决定;审判人员的回避,由院长决定;其他人员的回避,由审判长决定。当事人对决定不服的,可以申请复议一次。

第五十六条 【诉讼不停止执行及例外】 诉讼期间,不停止行政行为的执行。但有下列情形之一的,裁定停止执行:

(一)被告认为需要停止执行的;

(二)原告或者利害关系人申请停止执行,人民法院认为该行政行为的执行会造成难以弥补的损失,并且停止执行不损害国家利益、社会公共利益的；

（三）人民法院认为该行政行为的执行会给国家利益、社会公共利益造成重大损害的；

（四）法律、法规规定停止执行的。

当事人对停止执行或者不停止执行的裁定不服的，可以申请复议一次。

第五十七条　【先予执行】人民法院对起诉行政机关没有依法支付抚恤金、最低生活保障金和工伤、医疗社会保险金的案件，权利义务关系明确、不先予执行将严重影响原告生活的，可以根据原告的申请，裁定先予执行。

当事人对先予执行裁定不服的，可以申请复议一次。复议期间不停止裁定的执行。

第五十八条　【拒不到庭或中途退庭的法律后果】经人民法院传票传唤，原告无正当理由拒不到庭，或者未经法庭许可中途退庭的，可以按照撤诉处理；被告无正当理由拒不到庭，或者未经法庭许可中途退庭的，可以缺席判决。

第五十九条　【妨害行政诉讼强制措施】诉讼参与人或者其他人有下列行为之一的，人民法院可以根据情节轻重，予以训诫、责令具结悔过或者处一万元以下的罚款、十五日以下的拘留；构成犯罪的，依法追究刑事责任：

（一）有义务协助调查、执行的人，对人民法院的协助调查决定、协助执行通知书，无故推拖、拒绝或者妨碍调查、执行的；

（二）伪造、隐藏、毁灭证据或者提供虚假证明材料，妨碍人民法院审理案件的；

（三）指使、贿买、胁迫他人作伪证或者威胁、阻止证人作证的；

（四）隐藏、转移、变卖、毁损已被查封、扣押、冻结的财产的；

（五）以欺骗、胁迫等非法手段使原告撤诉的；

（六）以暴力、威胁或者其他方法阻碍人民法院工作人员执行职务，或者以哄闹、冲击法庭等方法扰乱人民法院工作秩序的；

（七）对人民法院审判人员或者其他工作人员、诉讼参与人、协助调查和执行的人员恐吓、侮辱、诽谤、诬陷、殴打、围攻或者打击报复的。

人民法院对有前款规定的行为之一的单位，可以对其主要负责人或者直接责任人员依照前款规定予以罚款、拘留；构成犯罪的，依法追究刑事责任。

罚款、拘留须经人民法院院长批准。当事人不服的，可以向上一级人民法院申请复议一次。复议期间不停止执行。

第六十条　【调解】人民法院审理行政案件，不适用调解。但是，行政赔偿、补偿以及行政机关行使法律、法规规定的自由裁量权的案件可以调解。

调解应当遵循自愿、合法原则，不得损害国家利益、社会公共利益和他人合法权益。

第六十一条　【民事争议和行政争议交叉】在涉及行政许可、登记、征收、征用和行政机关对民事争议所作的裁决的行政诉讼中，当事人申请一并解决相关民事争议的，人民法院可以一并审理。

在行政诉讼中，人民法院认为行政案件的审理需以民事诉讼的裁判为依据的，可以裁定中止行政诉讼。

第六十二条　【撤诉】人民法院对行政案件宣告判决或者裁定前，原告申请撤诉的，或者被告改变其所作的行政行为，原告同意并申请撤诉的，是否准许，由人民法院裁定。

第六十三条 【审理依据】人民法院审理行政案件，以法律和行政法规、地方性法规为依据。地方性法规适用于本行政区域内发生的行政案件。

人民法院审理民族自治地方的行政案件，并以该民族自治地方的自治条例和单行条例为依据。

人民法院审理行政案件，参照规章。

第六十四条 【规范性文件审查和处理】人民法院在审理行政案件中，经审查认为本法第五十三条规定的规范性文件不合法的，不作为认定行政行为合法的依据，并向制定机关提出处理建议。

第六十五条 【裁判文书公开】人民法院应当公开发生法律效力的判决书、裁定书，供公众查阅，但涉及国家秘密、商业秘密和个人隐私的内容除外。

第六十六条 【有关行政机关工作人员和被告的处理】人民法院在审理行政案件中，认为行政机关的主管人员、直接责任人员违法违纪的，应当将有关材料移送监察机关、该行政机关或者其上一级行政机关；认为有犯罪行为的，应当将有关材料移送公安、检察机关。

人民法院对被告经传票传唤无正当理由拒不到庭，或者未经法庭许可中途退庭的，可以将被告拒不到庭或者中途退庭的情况予以公告，并可以向监察机关或者被告的上一级行政机关提出依法给予其主要负责人或者直接责任人员处分的司法建议。

第二节 第一审普通程序

第六十七条 【发送起诉状和提出答辩状】人民法院应当在立案之日起五日内，将起诉状副本发送被告。被告应当在收到起诉状副本之日起十五日内向人民法院提交作出行政行为的证据和所依据的规范性文件，并提出答辩状。人民法院应当在收到答辩状之日起五日内，将答辩状副本发送原告。

被告不提出答辩状的，不影响人民法院审理。

第六十八条 【审判组织形式】人民法院审理行政案件，由审判员组成合议庭，或者由审判员、陪审员组成合议庭。合议庭的成员，应当是三人以上的单数。

第六十九条 【驳回原告诉讼请求】行政行为证据确凿，适用法律、法规正确，符合法定程序的，或者原告申请被告履行法定职责或者给付义务理由不成立的，人民法院判决驳回原告的诉讼请求。

第七十条 【撤销判决和重作判决】行政行为有下列情形之一的，人民法院判决撤销或者部分撤销，并可以判决被告重新作出行政行为：

（一）主要证据不足的；

（二）适用法律、法规错误的；

（三）违反法定程序的；

（四）超越职权的；

（五）滥用职权的；

（六）明显不当的。

第七十一条 【重作判决对被告的限制】人民法院判决被告重新作出行政行为的，被告不得以同一的事实和理由作出与原行政行为基本相同的行政行为。

第七十二条 【履行判决】人民法院经过审理，查明被告不履行法定职责的，判决被告在一定期限内履行。

第七十三条 【给付判决】人民法院经过审理，查明被告依法负有给付义务的，判决被告履行给付义务。

第七十四条 【确认违法判决】行政行为有下列情形之一的，

人民法院判决确认违法，但不撤销行政行为：

（一）行政行为依法应当撤销，但撤销会给国家利益、社会公共利益造成重大损害的；

（二）行政行为程序轻微违法，但对原告权利不产生实际影响的。

行政行为有下列情形之一，不需要撤销或者判决履行的，人民法院判决确认违法：

（一）行政行为违法，但不具有可撤销内容的；

（二）被告改变原违法行政行为，原告仍要求确认原行政行为违法的；

（三）被告不履行或者拖延履行法定职责，判决履行没有意义的。

第七十五条 【确认无效判决】行政行为有实施主体不具有行政主体资格或者没有依据等重大且明显违法情形，原告申请确认行政行为无效的，人民法院判决确认无效。

第七十六条 【确认违法和无效判决的补充规定】人民法院判决确认违法或者无效的，可以同时判决责令被告采取补救措施；给原告造成损失的，依法判决被告承担赔偿责任。

第七十七条 【变更判决】行政处罚明显不当，或者其他行政行为涉及对款额的确定、认定确有错误的，人民法院可以判决变更。

人民法院判决变更，不得加重原告的义务或者减损原告的权益。但利害关系人同为原告，且诉讼请求相反的除外。

第七十八条 【行政协议履行及补偿判决】被告不依法履行、未按照约定履行或者违法变更、解除本法第十二条第一款第十一项规定的协议的，人民法院判决被告承担继续履行、采取补救措施或者赔偿损失等责任。

被告变更、解除本法第十二条第一款第十一项规定的协议合法，但未依法给予补偿的，人民法院判决给予补偿。

第七十九条 【复议决定和原行政行为一并裁判】复议机关与作出原行政行为的行政机关为共同被告的案件，人民法院应当对复议决定和原行政行为一并作出裁判。

第八十条 【公开宣判】人民法院对公开审理和不公开审理的案件，一律公开宣告判决。

当庭宣判的，应当在十日内发送判决书；定期宣判的，宣判后立即发给判决书。

宣告判决时，必须告知当事人上诉权利、上诉期限和上诉的人民法院。

第八十一条 【第一审审限】人民法院应当在立案之日起六个月内作出第一审判决。有特殊情况需要延长的，由高级人民法院批准，高级人民法院审理第一审案件需要延长的，由最高人民法院批准。

第三节 简易程序

第八十二条 【简易程序适用情形】人民法院审理下列第一审行政案件，认为事实清楚、权利义务关系明确、争议不大的，可以适用简易程序：

（一）被诉行政行为是依法当场作出的；

（二）案件涉及款额二千元以下的；

（三）属于政府信息公开案件的。

除前款规定以外的第一审行政案件，当事人各方同意适用简易程序的，可以适用简易程序。

发回重审、按照审判监督程序再审的案件不适用简易程序。

第八十三条 【简易程序的审判组织形式和审限】适用简易程序审理的行政案件,由审判员一人独任审理,并应当在立案之日起四十五日内审结。

第八十四条 【简易程序与普通程序的转换】人民法院在审理过程中,发现案件不宜适用简易程序的,裁定转为普通程序。

第四节 第二审程序

第八十五条 【上诉】当事人不服人民法院第一审判决的,有权在判决书送达之日起十五日内向上一级人民法院提起上诉。当事人不服人民法院第一审裁定的,有权在裁定书送达之日起十日内向上一级人民法院提起上诉。逾期不提起上诉的,人民法院的第一审判决或者裁定发生法律效力。

第八十六条 【二审审理方式】人民法院对上诉案件,应当组成合议庭,开庭审理。经过阅卷、调查和询问当事人,对没有提出新的事实、证据或者理由,合议庭认为不需要开庭审理的,也可以不开庭审理。

第八十七条 【二审审查范围】人民法院审理上诉案件,应当对原审人民法院的判决、裁定和被诉行政行为进行全面审查。

第八十八条 【二审审限】人民法院审理上诉案件,应当在收到上诉状之日起三个月内作出终审判决。有特殊情况需要延长的,由高级人民法院批准,高级人民法院审理上诉案件需要延长的,由最高人民法院批准。

第八十九条 【二审裁判】人民法院审理上诉案件,按照下列情形,分别处理:

(一)原判决、裁定认定事实清楚,适用法律、法规正确的,判决或者裁定驳回上诉,维持原判决、裁定;

（二）原判决、裁定认定事实错误或者适用法律、法规错误的，依法改判、撤销或者变更；

（三）原判决认定基本事实不清、证据不足的，发回原审人民法院重审，或者查清事实后改判；

（四）原判决遗漏当事人或者违法缺席判决等严重违反法定程序的，裁定撤销原判决，发回原审人民法院重审。

原审人民法院对发回重审的案件作出判决后，当事人提起上诉的，第二审人民法院不得再次发回重审。

人民法院审理上诉案件，需要改变原审判决的，应当同时对被诉行政行为作出判决。

第五节　审判监督程序

第九十条　【当事人申请再审】当事人对已经发生法律效力的判决、裁定，认为确有错误的，可以向上一级人民法院申请再审，但判决、裁定不停止执行。

第九十一条　【再审事由】当事人的申请符合下列情形之一的，人民法院应当再审：

（一）不予立案或者驳回起诉确有错误的；

（二）有新的证据，足以推翻原判决、裁定的；

（三）原判决、裁定认定事实的主要证据不足、未经质证或者系伪造的；

（四）原判决、裁定适用法律、法规确有错误的；

（五）违反法律规定的诉讼程序，可能影响公正审判的；

（六）原判决、裁定遗漏诉讼请求的；

（七）据以作出原判决、裁定的法律文书被撤销或者变更的；

（八）审判人员在审理该案件时有贪污受贿、徇私舞弊、枉法裁判行为的。

第九十二条 【人民法院依职权再审】各级人民法院院长对本院已经发生法律效力的判决、裁定，发现有本法第九十一条规定情形之一，或者发现调解违反自愿原则或者调解书内容违法，认为需要再审的，应当提交审判委员会讨论决定。

最高人民法院对地方各级人民法院已经发生法律效力的判决、裁定，上级人民法院对下级人民法院已经发生法律效力的判决、裁定，发现有本法第九十一条规定情形之一，或者发现调解违反自愿原则或者调解书内容违法的，有权提审或者指令下级人民法院再审。

第九十三条 【抗诉和检察建议】最高人民检察院对各级人民法院已经发生法律效力的判决、裁定，上级人民检察院对下级人民法院已经发生法律效力的判决、裁定，发现有本法第九十一条规定情形之一，或者发现调解书损害国家利益、社会公共利益的，应当提出抗诉。

地方各级人民检察院对同级人民法院已经发生法律效力的判决、裁定，发现有本法第九十一条规定情形之一，或者发现调解书损害国家利益、社会公共利益的，可以向同级人民法院提出检察建议，并报上级人民检察院备案；也可以提请上级人民检察院向同级人民法院提出抗诉。

各级人民检察院对审判监督程序以外的其他审判程序中审判人员的违法行为，有权向同级人民法院提出检察建议。

第八章 执 行

第九十四条 【生效裁判和调解书的执行】当事人必须履行人民法院发生法律效力的判决、裁定、调解书。

第九十五条 【申请强制执行和执行管辖】公民、法人或者其他组织拒绝履行判决、裁定、调解书的,行政机关或者第三人可以向第一审人民法院申请强制执行,或者由行政机关依法强制执行。

第九十六条 【对行政机关拒绝履行的执行措施】行政机关拒绝履行判决、裁定、调解书的,第一审人民法院可以采取下列措施:

(一)对应当归还的罚款或者应当给付的款额,通知银行从该行政机关的账户内划拨;

(二)在规定期限内不履行的,从期满之日起,对该行政机关负责人按日处五十元至一百元的罚款;

(三)将行政机关拒绝履行的情况予以公告;

(四)向监察机关或者该行政机关的上一级行政机关提出司法建议。接受司法建议的机关,根据有关规定进行处理,并将处理情况告知人民法院;

(五)拒不履行判决、裁定、调解书,社会影响恶劣的,可以对该行政机关直接负责的主管人员和其他直接责任人员予以拘留;情节严重,构成犯罪的,依法追究刑事责任。

第九十七条 【非诉执行】公民、法人或者其他组织对行政行为在法定期限内不提起诉讼又不履行的,行政机关可以申请人民法院强制执行,或者依法强制执行。

第九章 涉外行政诉讼

第九十八条 【涉外行政诉讼的法律适用原则】外国人、无国籍人、外国组织在中华人民共和国进行行政诉讼,适用本法。法律另有规定的除外。

第九十九条 【同等与对等原则】外国人、无国籍人、外国组织在中华人民共和国进行行政诉讼,同中华人民共和国公民、组织有同等的诉讼权利和义务。

外国法院对中华人民共和国公民、组织的行政诉讼权利加以限制的，人民法院对该国公民、组织的行政诉讼权利，实行对等原则。

第一百条　【中国律师代理】外国人、无国籍人、外国组织在中华人民共和国进行行政诉讼，委托律师代理诉讼的，应当委托中华人民共和国律师机构的律师。

第十章　附　　则

第一百零一条　【适用民事诉讼法规定】人民法院审理行政案件，关于期间、送达、财产保全、开庭审理、调解、中止诉讼、终结诉讼、简易程序、执行等，以及人民检察院对行政案件受理、审理、裁判、执行的监督，本法没有规定的，适用《中华人民共和国民事诉讼法》的相关规定。

第一百零二条　【诉讼费用】人民法院审理行政案件，应当收取诉讼费用。诉讼费用由败诉方承担，双方都有责任的由双方分担。收取诉讼费用的具体办法另行规定。

第一百零三条　【施行日期】本法自1990年10月1日起施行。

中华人民共和国行政复议法实施条例

（2007年5月29日国务院令第499号公布
自2007年8月1日起施行）

第一章　总　　则

第一条　为了进一步发挥行政复议制度在解决行政争议、建设法治政府、构建社会主义和谐社会中的作用，根据《中华人民共和国行政复议法》（以下简称行政复议法），制定本条例。

第二条　各级行政复议机关应当认真履行行政复议职责，领导并支持本机关负责法制工作的机构（以下简称行政复议机构）依法办理行政复议事项，并依照有关规定配备、充实、调剂专职行政复议人员，保证行政复议机构的办案能力与工作任务相适应。

第三条　行政复议机构除应当依照行政复议法第三条的规定履行职责外，还应当履行下列职责：

（一）依照行政复议法第十八条的规定转送有关行政复议申请；

（二）办理行政复议法第二十九条规定的行政赔偿等事项；

（三）按照职责权限，督促行政复议申请的受理和行政复议决定的履行；

（四）办理行政复议、行政应诉案件统计和重大行政复议决定备案事项；

（五）办理或者组织办理未经行政复议直接提起行政诉讼的行政应诉事项；

（六）研究行政复议工作中发现的问题，及时向有关机关提出改进建议，重大问题及时向行政复议机关报告。

第四条　专职行政复议人员应当具备与履行行政复议职责相适应的品行、专业知识和业务能力，并取得相应资格。具体办法由国务院法制机构会同国务院有关部门规定。

第二章　行政复议申请

第一节　申　请　人

第五条　依照行政复议法和本条例的规定申请行政复议的公民、法人或者其他组织为申请人。

第六条　合伙企业申请行政复议的，应当以核准登记的企业为申请人,由执行合伙事务的合伙人代表该企业参加行政复议;其他合伙组织申请行政复议的,由合伙人共同申请行政复议。

前款规定以外的不具备法人资格的其他组织申请行政复议的,由该组织的主要负责人代表该组织参加行政复议;没有主要负责人的,由共同推选的其他成员代表该组织参加行政复议。

第七条 股份制企业的股东大会、股东代表大会、董事会认为行政机关作出的具体行政行为侵犯企业合法权益的,可以以企业的名义申请行政复议。

第八条 同一行政复议案件申请人超过5人的,推选1至5名代表参加行政复议。

第九条 行政复议期间,行政复议机构认为申请人以外的公民、法人或者其他组织与被审查的具体行政行为有利害关系的,可以通知其作为第三人参加行政复议。

行政复议期间,申请人以外的公民、法人或者其他组织与被审查的具体行政行为有利害关系的,可以向行政复议机构申请作为第三人参加行政复议。

第三人不参加行政复议,不影响行政复议案件的审理。

第十条 申请人、第三人可以委托1至2名代理人参加行政复议。申请人、第三人委托代理人的,应当向行政复议机构提交授权委托书。授权委托书应当载明委托事项、权限和期限。公民在特殊情况下无法书面委托的,可以口头委托。口头委托的,行政复议机构应当核实并记录在卷。申请人、第三人解除或者变更委托的,应当书面报告行政复议机构。

第二节 被申请人

第十一条 公民、法人或者其他组织对行政机关的具体行政行为不服，依照行政复议法和本条例的规定申请行政复议的，作出该具体行政行为的行政机关为被申请人。

第十二条　行政机关与法律、法规授权的组织以共同的名义作出具体行政行为的，行政机关和法律、法规授权的组织为共同被申请人。

行政机关与其他组织以共同名义作出具体行政行为的，行政机关为被申请人。

第十三条　下级行政机关依照法律、法规、规章规定，经上级行政机关批准作出具体行政行为的，批准机关为被申请人。

第十四条　行政机关设立的派出机构、内设机构或者其他组织，未经法律、法规授权，对外以自己名义作出具体行政行为的，该行政机关为被申请人。

第三节　行政复议申请期限

第十五条　行政复议法第九条第一款规定的行政复议申请期限的计算，依照下列规定办理：

（一）当场作出具体行政行为的，自具体行政行为作出之日起计算；

（二）载明具体行政行为的法律文书直接送达的，自受送达人签收之日起计算；

（三）载明具体行政行为的法律文书邮寄送达的，自受送达人在邮件签收单上签收之日起计算；没有邮件签收单的，自受送达人在送达回执上签名之日起计算；

（四）具体行政行为依法通过公告形式告知受送达人的，自公告规定的期限届满之日起计算；

（五）行政机关作出具体行政行为时未告知公民、法人或者其他组织，事后补充告知的，自该公民、法人或者其他组织收到行政机关补充告知的通知之日起计算；

（六）被申请人能够证明公民、法人或者其他组织知道具体行政行为的，自证据材料证明其知道具体行政行为之日起计算。

行政机关作出具体行政行为，依法应当向有关公民、法人或者其他组织送达法律文书而未送达的，视为该公民、法人或者其他组织不知道该具体行政行为。

第十六条 公民、法人或者其他组织依照行政复议法第六条第（八）项、第（九）项、第（十）项的规定申请行政机关履行法定职责，行政机关未履行的，行政复议申请期限依照下列规定计算：

（一）有履行期限规定的，自履行期限届满之日起计算；

（二）没有履行期限规定的，自行政机关收到申请满60日起计算。

公民、法人或者其他组织在紧急情况下请求行政机关履行保护人身权、财产权的法定职责，行政机关不履行的，行政复议申请期限不受前款规定的限制。

第十七条 行政机关作出的具体行政行为对公民、法人或者其他组织的权利、义务可能产生不利影响的，应当告知其申请行政复议的权利、行政复议机关和行政复议申请期限。

第四节 行政复议申请的提出

第十八条 申请人书面申请行政复议的，可以采取当面递交、邮寄或者传真等方式提出行政复议申请。

有条件的行政复议机构可以接受以电子邮件形式提出的行政复议申请。

第十九条 申请人书面申请行政复议的，应当在行政复议申请书中载明下列事项：

（一）申请人的基本情况，包括：公民的姓名、性别、年龄、身份证号码、工作单位、住所、邮政编码；法人或者其他组织的名称、住所、邮政编码和法定代表人或者主要负责人的姓名、职务；

（二）被申请人的名称；

（三）行政复议请求、申请行政复议的主要事实和理由；

（四）申请人的签名或者盖章；

（五）申请行政复议的日期。

第二十条 申请人口头申请行政复议的，行政复议机构应当依照本条例第十九条规定的事项，当场制作行政复议申请笔录交申请人核对或者向申请人宣读，并由申请人签字确认。

第二十一条 有下列情形之一的，申请人应当提供证明材料：

（一）认为被申请人不履行法定职责的，提供曾经要求被申请人履行法定职责而被申请人未履行的证明材料；

（二）申请行政复议时一并提出行政赔偿请求的，提供受具体行政行为侵害而造成损害的证明材料；

（三）法律、法规规定需要申请人提供证据材料的其他情形。

第二十二条 申请人提出行政复议申请时错列被申请人的，行政复议机构应当告知申请人变更被申请人。

第二十三条 申请人对两个以上国务院部门共同作出的具体行政行为不服的，依照行政复议法第十四条的规定，可以向其中任何一个国务院部门提出行政复议申请，由作出具体行政行为的国务院部门共同作出行政复议决定。

第二十四条 申请人对经国务院批准实行省以下垂直领导的部门作出的具体行政行为不服的，可以选择向该部门的本级人民政府或者上一级主管部门申请行政复议；省、自治区、直辖市另有规定的，依照省、自治区、直辖市的规定办理。

第二十五条　申请人依照行政复议法第三十条第二款的规定申请行政复议的，应当向省、自治区、直辖市人民政府提出行政复议申请。

第二十六条　依照行政复议法第七条的规定，申请人认为具体行政行为所依据的规定不合法的，可以在对具体行政行为申请行政复议的同时一并提出对该规定的审查申请；申请人在对具体行政行为提出行政复议申请时尚不知道该具体行政行为所依据的规定的，可以在行政复议机关作出行政复议决定前向行政复议机关提出对该规定的审查申请。

第三章　行政复议受理

第二十七条　公民、法人或者其他组织认为行政机关的具体行政行为侵犯其合法权益提出行政复议申请，除不符合行政复议法和本条例规定的申请条件的，行政复议机关必须受理。

第二十八条　行政复议申请符合下列规定的，应当予以受理：

（一）有明确的申请人和符合规定的被申请人；

（二）申请人与具体行政行为有利害关系；

（三）有具体的行政复议请求和理由；

（四）在法定申请期限内提出；

（五）属于行政复议法规定的行政复议范围；

（六）属于收到行政复议申请的行政复议机构的职责范围；

（七）其他行政复议机关尚未受理同一行政复议申请，人民法院尚未受理同一主体就同一事实提起的行政诉讼。

第二十九条　行政复议申请材料不齐全或者表述不清楚的，行政复议机构可以自收到该行政复议申请之日起5日内书面通知申请人补正。补正通知应当载明需要补正的事项和合理的补正期限。无正当理由逾期不补正的，视为申请人放弃行政复议申请。补正申请材料所用时间不计入行政复议审理期限。

第三十条　申请人就同一事项向两个或者两个以上有权受理的行政机关申请行政复议的，由最先收到行政复议申请的行政机关受理；同时收到行政复议申请的，由收到行政复议申请的行政机关在10日内协商确定；协商不成的，由其共同上一级行政机关在10日内指定受理机关。协商确定或者指定受理机关所用时间不计入行政复议审理期限。

第三十一条　依照行政复议法第二十条的规定，上级行政机关认为行政复议机关不予受理行政复议申请的理由不成立的，可以先行督促其受理；经督促仍不受理的，应当责令其限期受理，必要时也可以直接受理；认为行政复议申请不符合法定受理条件的，应当告知申请人。

第四章　行政复议决定

第三十二条　行政复议机构审理行政复议案件，应当由2名以上行政复议人员参加。

第三十三条　行政复议机构认为必要时，可以实地调查核实证据；对重大、复杂的案件，申请人提出要求或者行政复议机构认为必要时，可以采取听证的方式审理。

第三十四条　行政复议人员向有关组织和人员调查取证时，可以查阅、复制、调取有关文件和资料，向有关人员进行询问。

调查取证时，行政复议人员不得少于2人，并应当向当事人或者有关人员出示证件。被调查单位和人员应当配合行政复议人员的工作，不得拒绝或者阻挠。

需要现场勘验的，现场勘验所用时间不计入行政复议审理期限。

第三十五条　行政复议机关应当为申请人、第三人查阅有关材料提供必要条件。

第三十六条　依照行政复议法第十四条的规定申请原级行政复议的案件，由原承办具体行政行为有关事项的部门或者机构提出书面答复，并提交作出具体行政行为的证据、依据和其他有关材料。

第三十七条　行政复议期间涉及专门事项需要鉴定的，当事人可以自行委托鉴定机构进行鉴定，也可以申请行政复议机构委托鉴定机构进行鉴定。鉴定费用由当事人承担。鉴定所用时间不计入行政复议审理期限。

第三十八条　申请人在行政复议决定作出前自愿撤回行政复议申请的，经行政复议机构同意，可以撤回。

申请人撤回行政复议申请的，不得再以同一事实和理由提出行政复议申请。但是，申请人能够证明撤回行政复议申请违背其真实意思表示的除外。

第三十九条　行政复议期间被申请人改变原具体行政行为的，不影响行政复议案件的审理。但是，申请人依法撤回行政复议申请的除外。

第四十条　公民、法人或者其他组织对行政机关行使法律、法规规定的自由裁量权作出的具体行政行为不服申请行政复议，申请人与被申请人在行政复议决定作出前自愿达成和解的，应当向行政复议机构提交书面和解协议；和解内容不损害社会公共利益和他人合法权益的，行政复议机构应当准许。

第四十一条　行政复议期间有下列情形之一，影响行政复议案件审理的，行政复议中止：

（一）作为申请人的自然人死亡，其近亲属尚未确定是否参加行政复议的；

（二）作为申请人的自然人丧失参加行政复议的能力，尚未确定法定代理人参加行政复议的；

（三）作为申请人的法人或者其他组织终止，尚未确定权利义务承受人的；

（四）作为申请人的自然人下落不明或者被宣告失踪的；

（五）申请人、被申请人因不可抗力，不能参加行政复议的；

（六）案件涉及法律适用问题，需要有权机关作出解释或者确认的；

（七）案件审理需要以其他案件的审理结果为依据，而其他案件尚未审结的；

（八）其他需要中止行政复议的情形。

行政复议中止的原因消除后，应当及时恢复行政复议案件的审理。

行政复议机构中止、恢复行政复议案件的审理，应当告知有关当事人。

第四十二条 行政复议期间有下列情形之一的，行政复议终止：

（一）申请人要求撤回行政复议申请，行政复议机构准予撤回的；

（二）作为申请人的自然人死亡，没有近亲属或者其近亲属放弃行政复议权利的；

（三）作为申请人的法人或者其他组织终止，其权利义务的承受人放弃行政复议权利的；

（四）申请人与被申请人依照本条例第四十条的规定，经行政复议机构准许达成和解的；

（五）申请人对行政拘留或者限制人身自由的行政强制措施不服

申请行政复议后,因申请人同一违法行为涉嫌犯罪,该行政拘留或者限制人身自由的行政强制措施变更为刑事拘留的。

依照本条例第四十一条第一款第(一)项、第(二)项、第(三)项规定中止行政复议,满60日行政复议中止的原因仍未消除的,行政复议终止。

第四十三条 依照行政复议法第二十八条第一款第(一)项规定,具体行政行为认定事实清楚,证据确凿,适用依据正确,程序合法,内容适当的,行政复议机关应当决定维持。

第四十四条 依照行政复议法第二十八条第一款第(二)项规定,被申请人不履行法定职责的,行政复议机关应当决定其在一定期限内履行法定职责。

第四十五条 具体行政行为有行政复议法第二十八条第一款第(三)项规定情形之一的,行政复议机关应当决定撤销、变更该具体行政行为或者确认该具体行政行为违法;决定撤销该具体行政行为或者确认该具体行政行为违法的,可以责令被申请人在一定期限内重新作出具体行政行为。

第四十六条 被申请人未依照行政复议法第二十三条的规定提出书面答复、提交当初作出具体行政行为的证据、依据和其他有关材料的,视为该具体行政行为没有证据、依据,行政复议机关应当决定撤销该具体行政行为。

第四十七条 具体行政行为有下列情形之一,行政复议机关可以决定变更:

(一)认定事实清楚,证据确凿,程序合法,但是明显不当或者适用依据错误的;

(二)认定事实不清,证据不足,但是经行政复议机关审理查明事实清楚,证据确凿的。

第四十八条 有下列情形之一的,行政复议机关应当决定驳回行政复议申请:

(一)申请人认为行政机关不履行法定职责申请行政复议,行政复议机关受理后发现该行政机关没有相应法定职责或者在受理前已经履行法定职责的;

(二)受理行政复议申请后,发现该行政复议申请不符合行政复议法和本条例规定的受理条件的。

上级行政机关认为行政复议机关驳回行政复议申请的理由不成立的,应当责令其恢复审理。

第四十九条 行政复议机关依照行政复议法第二十八条的规定责令被申请人重新作出具体行政行为的,被申请人应当在法律、法规、规章规定的期限内重新作出具体行政行为;法律、法规、规章未规定期限的,重新作出具体行政行为的期限为60日。

公民、法人或者其他组织对被申请人重新作出的具体行政行为不服,可以依法申请行政复议或者提起行政诉讼。

第五十条 有下列情形之一的,行政复议机关可以按照自愿、合法的原则进行调解:

(一)公民、法人或者其他组织对行政机关行使法律、法规规定的自由裁量权作出的具体行政行为不服申请行政复议的;

(二)当事人之间的行政赔偿或者行政补偿纠纷。

当事人经调解达成协议的,行政复议机关应当制作行政复议调解书。调解书应当载明行政复议请求、事实、理由和调解结果,并加盖行政复议机关印章。行政复议调解书经双方当事人签字,即具有法律效力。

调解未达成协议或者调解书生效前一方反悔的,行政复议机关应当及时作出行政复议决定。

第五十一条 行政复议机关在申请人的行政复议请求范围内，不得作出对申请人更为不利的行政复议决定。

第五十二条 第三人逾期不起诉又不履行行政复议决定的，依照行政复议法第三十三条的规定处理。

第五章 行政复议指导和监督

第五十三条 行政复议机关应当加强对行政复议工作的领导。

行政复议机构在本级行政复议机关的领导下，按照职责权限对行政复议工作进行督促、指导。

第五十四条 县级以上各级人民政府应当加强对所属工作部门和下级人民政府履行行政复议职责的监督。

行政复议机关应当加强对其行政复议机构履行行政复议职责的监督。

第五十五条 县级以上地方各级人民政府应当建立健全行政复议工作责任制，将行政复议工作纳入本级政府目标责任制。

第五十六条 县级以上地方各级人民政府应当按照职责权限，通过定期组织检查、抽查等方式，对所属工作部门和下级人民政府行政复议工作进行检查，并及时向有关方面反馈检查结果。

第五十七条 行政复议期间行政复议机关发现被申请人或者其他下级行政机关的相关行政行为违法或者需要做好善后工作的，可以制作行政复议意见书。有关机关应当自收到行政复议意见书之日起60日内将纠正相关行政违法行为或者做好善后工作的情况通报行政复议机构。

行政复议期间行政复议机构发现法律、法规、规章实施中带有普遍性的问题，可以制作行政复议建议书，向有关机关提出完善制度和改进行政执法的建议。

第五十八条 县级以上各级人民政府行政复议机构应当定期向本级人民政府提交行政复议工作状况分析报告。

第五十九条 下级行政复议机关应当及时将重大行政复议决定报上级行政复议机关备案。

第六十条 各级行政复议机构应当定期组织对行政复议人员进行业务培训，提高行政复议人员的专业素质。

第六十一条 各级行政复议机关应当定期总结行政复议工作，对在行政复议工作中做出显著成绩的单位和个人，依照有关规定给予表彰和奖励。

第六章 法 律 责 任

第六十二条 被申请人在规定期限内未按照行政复议决定的要求重新作出具体行政行为，或者违反规定重新作出具体行政行为的，依照行政复议法第三十七条的规定追究法律责任。

第六十三条 拒绝或者阻挠行政复议人员调查取证、查阅、复制、调取有关文件和资料的，对有关责任人员依法给予处分或者治安处罚；构成犯罪的，依法追究刑事责任。

第六十四条 行政复议机关或者行政复议机构不履行行政复议法和本条例规定的行政复议职责，经有权监督的行政机关督促仍不改正的，对直接负责的主管人员和其他直接责任人员依法给予警告、记过、记大过的处分；造成严重后果的，依法给予降级、撤职、开除的处分。

第六十五条 行政机关及其工作人员违反行政复议法和本条例规定的，行政复议机构可以向人事、监察部门提出对有关责任人员的处分建议，也可以将有关人员违法的事实材料直接转送人事、监察部门处理；接受转送的人事、监察部门应当依法处理，并将处理结果通报转送的行政复议机构。

第七章 附 则

第六十六条 本条例自 2007 年 8 月 1 日起施行。

司法行政机关行政复议应诉工作规定

（2001 年 6 月 22 日司法部令第 65 号发布）

第一章 总 则

第一条 为了规范司法行政机关行政复议和行政应诉工作，保障和监督司法行政机关依法行使职权，根据《中华人民共和国行政诉讼法》和《中华人民共和国行政复议法》，制定本规定。

第二条 公民、法人或者其他组织认为司法行政机关的具体行政行为侵犯其合法权益，向司法行政机关提出行政复议申请，或者向人民法院提起行政诉讼，司法行政机关受理行政复议申请、作出行政复议决定或者应诉，适用本规定。

第三条 司法行政机关法制工作机构或者承担法制工作的机构具体负责办理司法行政机关行政复议和行政应诉事项，履行下列职责：

（一）受理行政复议申请；

（二）向有关组织和人员调查取证，查阅文件和资料；

（三）审查申请行政复议的具体行政行为是否合法与适当，拟定行政复议决定；

（四）处理或者转送对司法行政机关具体行政行为所依据的有关

规定的审查申请；

（五）对司法行政机关违反《中华人民共和国行政复议法》和本规定的行为依照规定的权限和程序提出处理建议；

（六）组织办理因不服行政复议决定提起行政诉讼的应诉事项；

（七）指导下级司法行政机关的行政复议和行政应诉工作；

（八）培训行政复议、应诉工作人员，组织交流行政复议、应诉工作经验；

（九）法律、法规、规章规定的其他职责。

第四条　司法行政机关行政复议、应诉工作遵循合法、公正、公开、及时、便民的原则。

第二章　行政复议范围

第五条　有下列情形之一的，公民、法人或者其他组织可以向司法行政机关申请行政复议：

（一）认为符合法定条件，申请司法行政机关办理颁发资格证、执业证、许可证手续，司法行政机关拒绝办理或者在法定期限内没有依法办理的；

（二）对司法行政机关作出的警告、罚款、没收违法所得、没收非法财物、责令停业、吊销执业证等行政处罚决定不服的；

（三）认为符合法定条件，申请司法行政机关办理审批、审核、公告、登记的有关事项，司法行政机关不予上报申办材料、拒绝办理或者在法定期限内没有依法办理的；

（四）认为符合法定条件，申请司法行政机关注册执业证，司法行政机关未出示书面通知说明理由，注册执业证期满六个月仍不予注册的；

（五）认为符合法定条件，申请司法行政机关参加资格考试，司法行政机关没有依法办理的；

（六）认为司法行政机关违法收费或者违法要求履行义务的；

（七）对司法行政机关作出的撤销、变更或者维持公证机构关于公证书的决定不服的；

（八）对司法行政机关作出的留场就业决定或根据授权作出的延长劳动教养期限的决定不服的；

（九）对司法行政机关作出的关于行政赔偿、刑事赔偿决定不服的；

（十）认为司法行政机关作出的其他具体行政行为侵犯其合法权益的。

第六条　公民、法人或者其他组织认为司法行政机关作出的具体行政行为所依据的规定不合法（法律、法规、规章和国务院文件除外），可以一并向司法行政机关提出对该规定的审查申请。

第七条　公民、法人或者其他组织对下列事项不能申请行政复议：

（一）执行刑罚的行为；

（二）执行劳动教养决定的行为；

（三）司法助理员对民间纠纷作出的调解或者其他处理；

（四）资格考试成绩评判行为；

（五）法律、法规规定的其他不能申请行政复议的行为。

第三章　行政复议和行政应诉管辖

第八条　对县级以上地方各级司法行政机关的具体行政行为不服，向司法行政机关申请行政复议，由上一级司法行政机关管辖。

对监狱机关、劳动教养机关的具体行政行为不服，向司法行政机关申请行政复议，由其主管的司法行政机关管辖。

对司法部的具体行政行为不服向司法行政机关申请行政复议，由司法部管辖。申请人对司法部行政复议决定不服的，可以向人民法院提起行政诉讼；也可以向国务院申请裁决。

第九条 对县级以上地方各级司法行政机关的具体行政行为不服直接向人民法院提起的行政诉讼，由作出具体行政行为的司法行政机关应诉。

经行政复议的行政诉讼，行政复议机关决定维持原具体行政行为的，由作出原具体行政行为的司法行政机关应诉；行政复议机关改变原具体行政行为的，由行政复议机关应诉。

第四章 行政复议受理

第十条 司法行政机关办理行政复议案件，实行统一受理、专人承办、集体研究、领导负责的工作制度。

第十一条 办理行政复议案件的法制工作机构人员与申请人有利害关系的，可以提出自行回避；申请人也有权申请其回避，但应说明理由。

办理行政复议案件的法制工作机构人员的回避，由行政复议机关负责人决定。

第十二条 申请人申请行政复议，可以书面申请，也可以口头申请。口头申请的，行政复议机关应当当场记录申请人的基本情况、行政复议请求、申请行政复议的主要事实、理由和时间，并由申请人签字。

第十三条 司法行政机关自收到行政复议申请书之日起5日内，对行政复议申请分别作出以下处理：

（一）行政复议申请符合法定受理条件并属于本规定受理范围的，应予受理；

（二）行政复议申请不符合法定受理条件的，不予受理并书面告知申请人；

（三）行政复议申请符合法定受理条件，但不属于本机关受理的，应当告知申请人向有关行政复议机关提出。

除不符合行政复议的法定受理条件或者不属于本机关受理的复议申请外，行政复议申请自行政复议机关负责法制工作的机构收到之日起即为受理。

作出具体行政行为的司法行政机关自收到行政复议机关发送的行政复议申请书副本或者申请笔录复印件后，应将书面答复、作出具体行政行为的证据、依据和其他有关材料，在10日内提交行政复议机关。

司法行政机关任何部门在收到行政复议申请后，应转交本机关法制工作机构。

申请人的书面申请内容如不符合本规定第十二条规定，法制工作机构应当通知申请人补齐申请内容。行政复议受理时间从收到申请人补齐申请书内容之日起计算。

第十四条　对于申请人就同一具体行政行为向人民法院提起行政讼诉，人民法院已经受理的，司法行政机关不再受理其行政复议申请。

第十五条　司法行政机关法制工作机构依照以下程序受理行政复议申请：

（一）登记收到行政复议申请书的时间及申请人的情况；

（二）不予受理的，在收到行政复议申请书5日内填写司法行政机关不予受理审批表，拟制不予受理决定书，由行政机关负责人签字，并加盖公章，向申请人发出；

（三）应当受理的，在收到复议申请书后填写司法行政机关行政复议立案审批表，法制工作机构负责人审批。

第十六条　申请人认为司法行政机关无正当理由不予受理其行政复议申请，可以向上级司法行政机关反映，上级司法行政机关在审查后可以作出以下处理决定：

（一）申请人提出的申请符合法定受理条件的，应当责令下级司法行政机关予以受理，其中申请人不服的具体行政行为是依据司法行政法律、法规、本级以上人民政府制定的规章或者本机关制定的规范性文件作出的，或者上级司法行政机关认为有必要直接受理的，可以直接受理；

（二）上级司法行政机关认为下级司法行政机关不予受理行为确有正当理由，申请人仍然不服的，应当告知申请人可以依法对下级司法行政机关的具体行政行为向人民法院提起行政诉讼。

第五章　行政复议决定

第十七条　司法行政机关行政复议原则上采取书面审查的办法，但是申请人提出要求或者行政复议机关认为有必要时，可以向有关组织和人员调查情况，听取申请人、被申请人和第三人的意见。

第十八条　司法行政机关应当在受理之日起 7 日内将行政复议申请书副本或者行政复议申请书笔录复印件发送被申请人。被申请人应当自收到申请书副本或者申请笔录复印件之日起 10 日内，提出书面答复，并提交作出具体行政行为的证据、依据和其他有关材料。被申请人的书面答复应当包括下列内容：

（一）具体行政行为认定的事实和证据；

（二）作出具体行政行为所依据的法律、法规、规章；

（三）作出具体行政行为的程序；

（四）对行政复议申请的答复意见和本机关对行政复议案件的

请求。

第十九条 被申请人不按本规定第十八条的规定提出书面答复、提交作出具体行政行为的证据、依据和其他有关材料，视为该具体行政行为没有证据、依据，决定撤销该具体行政行为。

第二十条 行政复议决定作出前，申请人要求撤回复议申请的，经说明理由，可以撤回；被申请人改变所作的具体行政行为，申请人同意并要求撤回复议申请的，可以撤回。撤回行政复议申请的，行政复议终止。

第二十一条 申请人在申请行政复议时，一并提出对具体行政行为所依据的规定申请审查的，行政复议机关应当区别情况，分别作出处理。

行政复议机关认为被申请人作出的具体行政行为所依据的规定不合法，本机关有权处理的，应当在 30 日内依法处理；无权处理的，应当在 7 日内按照机关文件送达程序转送有权处理的国家机关依法处理。处理期间，中止对具体行政行为的审查。

上级司法行政机关有权对下级司法行政机关制定的规范性文件进行审查。

第二十二条 司法行政机关法制工作机构应当对被申请人作出的具体行政行为进行审查，提出意见，填写司法行政机关行政复议决定审批表，拟制复议决定意见，在征求业务部门意见后，报经行政机关负责人审批。

第二十三条 行政复议机关作出行政复议决定，应当制作行政复议决定书，并加盖行政复议机关印章。行政复议决定一经公布、委托方式送达即发生法律效力。

第二十四条 申请人在申请行政复议时一并提出行政赔偿请求，依据有关法律、法规、规章的规定应当给予赔偿的，行政复议机关在决定撤销、变更具体行政行为或者确认具体行政行为违法时，应当同时决定被申请人依法赔偿。

申请人在申请行政复议时没有提出赔偿请求的，行政复议机关在依法决定撤销或者变更罚款、没收违法所得以及没收非法财物等具体行政行为时，应当同时责令被申请人返还财物或者赔偿相应的价款。

第二十五条 行政复议机关应当自受理申请之日起60日内作出行政复议决定。如有以下情况，不能在规定期限内作出行政复议决定的，经行政复议机关的负责人批准，可以适当延长，并告知申请人和被申请人；但延长期限最多不超过30日：

（一）因不可抗力延误相关文书抵达的；

（二）有重大疑难情况的；

（三）需要与其他机关相协调的；

（四）需要对具体行政行为依据的规定进行审查的；

（五）其他经行政复议机关负责人批准需要延长复议期限的。

第六章 行政应诉

第二十六条 司法行政机关法制工作机构接到人民法院转送的行政起诉状副本5日内，应组织协调有关业务部门，共同制订行政应诉方案，确定出庭应诉人员。

司法行政机关业务部门应当指派本单位专人负责案件调查、收集证据材料，提出初步答辩意见，协助法制工作机构的应诉工作。

第二十七条 司法行政机关法制工作机构在人民法院一审判决书或者裁定书送达后，应组织协调有关业务部门，提出是否上诉的意见，报行政机关负责人审批。决定上诉的，提出上诉状，在法定期限内向二审人民法院提交。

第二十八条　司法行政机关法制工作机构可以组织协调有关业务部门，对人民法院已发生法律效力的判决、裁定，向司法行政机关负责人提出是否申诉的意见。决定申诉的，提出申诉书，向有管辖权的人民法院提交。

第二十九条　司法行政机关可以委托律师担任行政诉讼代理人出庭应诉。

第三十条　对人民法院作出判决或者裁定的行政案件，应诉的司法行政机关应当在判决或者裁定送达后5日内，将判决书或者裁决书的复印件报送上一级司法行政机关法制工作机构。

第七章　附　　则

第三十一条　司法行政机关行政复议（含行政诉讼）活动所需经费列入本机关的经费预算。行政复议活动经费应当用于：

（一）办案经费；

（二）执法情况检查；

（三）总结工作等。

第三十二条　本规定由司法部解释。

第三十三条　本规定自颁布之日起施行。1990年7月30日司法部颁布的《司法行政机关行政复议应诉工作规定（试行）》同时废止。

公安机关办理行政复议案件程序规定

(2002年11月2日公安部令第65号发布
自2003年1月1日起实施)

第一章 总 则

第一条 为了规范公安机关行政复议案件的办理程序,防止和纠正违法的或者不当的具体行政行为,保护公民、法人和其他组织的合法权益,保障和监督公安机关依法行使职权,根据《中华人民共和国行政复议法》(以下简称行政复议法)以及其他有关法律、法规,结合公安工作实际,制定本规定。

第二条 本规定所称公安行政复议机关,是指县级以上地方各级人民政府公安机关,新疆生产建设兵团公安机关,公安交通管理机构、公安边防部门、出入境边防检查总站。

铁路、交通、民航、森林公安机关办理行政复议案件,适用本规定。

第三条 本规定所称公安行政复议机构,是指公安行政复议机关负责法制工作的机构。

公安行政复议机构具体办理行政复议案件,公安机关业务部门内设的法制机构不办理行政复议案件。

第四条 公安行政复议机构接受口头行政复议申请,向有关组织和人员调查情况,听取申请人、被申请人和第三人的意见时,办案人员不得少于二人。

第五条 公安行政复议机构办理行政复议案件所需经费应当在

本级公安业务费中列支；办理公安行政复议事项必需的设备、工作条件，公安行政复议机关应当予以保障。

第六条 公安行政复议机关办理行政复议案件，应当遵循合法、公正、公开、及时、便民的原则，坚持有错必纠，确保国家法律、法规的正确实施。

第七条 公民、法人或者其他组织对公安机关的具体行政行为不服的，依法可以向该公安机关的本级人民政府申请行政复议，也可以向上一级主管公安机关申请行政复议。法律、法规另有规定的除外。

第二章 复 议 机 关

第八条 对县级以上各级人民政府公安机关作出的具体行政行为不服的，按照下列规定提出行政复议申请：

（一）对公安部、省（自治区、直辖市）公安厅（局）、新疆生产建设兵团公安局作出的具体行政行为不服的，向公安部申请行政复议；

（二）对市（地、州、盟）公安局（处）作出的具体行政行为不服的，向省（自治区、直辖市）公安厅（局）申请行政复议；

（三）对县（市、旗）公安局作出的具体行政行为不服的，向市（地、州、盟）公安局（处）申请行政复议；

（四）对城市公安分局作出的具体行政行为不服的，向市公安局申请行政复议。

第九条 对省（自治区、直辖市）公安厅（局）直属的公安局、市（地、州、盟）公安局（处）直属的公安分局作出的具体行政行为不服的，向设立该直属公安局、公安分局的省（自治区、直辖市）公安厅（局）、市（地、州、盟）局（处）申请行政复议。

第十条 对县级以上地方各级人民政府公安机关内设的公安消防机构作出的具体行政行为不服的,向该公安机关申请行政复议。

第十一条 对县级以上地方各级人民政府公安机关内设的公安交通管理机构作出的具体行政行为不服的,向该公安机关申请行政复议。

对公安交通管理机构下设的公安交通警察支队、大队(队)作出的具体行政行为不服的,可以向其上一级公安交通管理机构申请行政复议。

第十二条 对出入境边防检查站作出的具体行政行为不服的,向出入境边防检查总站申请行政复议。

第十三条 对公安边防部门以自己名义作出的具体行政行为不服的,向其上一级公安边防部门申请行政复议;对公安边防部门以地方公安机关名义作出的具体行政行为不服的,向其所在地的县级以上地方人民政府公安机关申请行政复议。

第十四条 对公安派出所依法作出的具体行政行为不服的,向设立该公安派出所的公安机关申请行政复议。

第十五条 对法律、法规授权的公安机关内设机构或者派出机构超出法定授权范围作出的具体行政行为不服的,向该内设机构所属的公安机关或者设立该派出机构的公安机关申请行政复议。

对没有法律、法规授权的公安机关的内设机构或者派出机构以自己的名义作出的具体行政行为不服的,向该内设机构所属的公安机关或者设立该派出机构的公安机关的上一级公安机关申请行政复议。

第十六条 对经上级公安机关批准的具体行政行为不服的,向在对外发生法律效力的文书上加盖印章的公安机关的上一级公安机关申请行政复议。

第三章 申　　请

第十七条　申请行政复议，可以书面申请，也可以口头申请。

第十八条　书面申请的，应当提交《行政复议申请书》，载明以下内容：

（一）申请人及其代理人的姓名、性别、出生年月日、工作单位、住所、联系方式，法人或者其他组织的名称、地址、法定代表人或者主要负责人的姓名、职务、住所、联系方式；

（二）被申请人的名称、地址、法定代表人的姓名；

（三）行政复议请求；

（四）申请行政复议的事实和理由；

（五）申请行政复议的日期。

《行政复议申请书》应当由申请人签名或者捺指印。

第十九条　口头申请的，公安行政复议机构应当当场记录申请人的基本情况、行政复议请求、申请行政复议的主要事实、理由和时间，经申请人核对或者向申请人宣读并确认无误后，由申请人签名或者捺指印。

第二十条　申请人因不可抗力以外的其他正当理由耽误法定申请期限的，应当提交相应的证明材料，由公安行政复议机构认定。

前款规定中的其他正当理由包括：

（一）申请人因严重疾病不能在法定申请期限内申请行政复议的；

（二）申请人为无行为能力人或者限制行为能力人，其法定代理人在法定申请期限内不能确定的；

（三）法人或者其他组织合并、分立或者终止，承受其权利的法人或者其他组织在法定申请期限内不能确定的；

（四）公安行政复议机构认定的其他耽误法定申请期限的正当理由。

第二十一条 公安机关作出具体行政行为时，未告知公民、法人或者其他组织行政复议权或者申请行政复议期限的，申请行政复议期限从公民、法人或者其他组织知道或者应当知道行政复议权或者申请行政复议期限之日起计算。

公安机关作出具体行政行为时，未制作或者未送达法律文书，公民、法人或者其他组织不服申请行政复议的，只要能够证明具体行政行为存在，公安行政复议机关应当受理。申请行政复议期限从证明具体行政行为存在之日起计算。

第二十二条 下列时间可以认定为申请人知道具体行政行为的时间：

（一）当场作出具体行政行为的，具体行政行为作出时间为知道的时间；

（二）作出具体行政行为的法律文书直接送交受送达人的，受送达人签收的时间为知道的时间；送达时本人不在的，与其共同居住的有民事行为能力的亲属签收的时间为知道的时间；本人指定代收人的，代收人签收的时间为知道的时间；受送达人为法人或者其他组织的，其收发部门签收的时间为知道的时间；

（三）受送达人拒绝接收作出具体行政行为的法律文书，有送达人、见证人在送达回证上签名或者盖章的，送达回证上签署的时间为知道的时间；

（四）通过邮寄方式送达当事人的，当事人签收邮件的时间为知道的时间；

（五）通过公告形式告知当事人的，公告规定的时间届满之日的次日为知道的时间；

（六）法律、法规、规章和其他规范性文件未规定履行期限的，公安机关收到履行法定职责申请之日起六十日的次日为申请人知道的时间；法律、法规、规章和其他规范性文件规定了履行期限的，期限届满之日的次日为知道的时间。

第二十三条 公民、法人或者其他组织申请公安机关履行法定职责，法律、法规、规章和其他规范性文件未规定履行期限的，公安机关在接到申请之日起六十日内不履行，公民、法人或者其他组织可以依法申请行政复议。法律、法规、规章和其他规范性文件规定了履行期限的，从其规定。

申请人的合法权益正在受到侵犯或者处于其他紧急情况下请求公安机关履行法定职责，公安机关不履行的，申请人从即日起可以申请行政复议。

第二十四条 申请人在被限制人身自由期间申请行政复议的，执行场所应当登记并在三日内将其行政复议申请书转交公安行政复议机关。

转交行政复议申请的时间，不计入行政复议申请审查期限。

第四章 受 理

第二十五条 公安行政复议机构负责接受公民、法人和其他组织提出的行政复议申请。

公安行政复议机关的其他内设机构收到《行政复议申请书》的，应当登记并于当日转送公安行政复议机构；口头申请行政复议的，其他内设机构应当告知其依法向公安行政复议机构提出申请。

第二十六条 公安行政复议机构收到行政复议申请后，应当对该申请是否符合下列条件进行初步审查：

（一）提出申请的公民、法人和其他组织是否具备申请人资格；

（二）是否有明确的被申请人和行政复议请求；

（三）是否符合行政复议范围；

（四）是否超过行政复议期限；

（五）是否属于本机关受理。

第二十七条 公安行政复议机构自收到行政复议申请之日起五日内应当分别作出以下处理：

（一）符合行政复议法规定的，予以受理；

（二）不符合行政复议法规定的，决定不予受理，并制发《行政复议申请不予受理决定书》；

（三）符合行政复议法规定，但不属于本机关受理的，应当告知申请人向有权受理的行政复议机关提出。

第二十八条 下列情形不属于公安行政复议范围：

（一）对办理刑事案件中依法采取的刑事强制措施、刑事侦查措施等刑事司法行为不服的；

（二）对公安机关依法调解不服的；

（三）对处理火灾事故、交通事故以及办理其他行政案件中作出的鉴定结论等不服的；

（四）对申诉被驳回不服的；

（五）其他依法不应当受理的行政复议申请。

申请人认为公安机关的刑事司法行为属于滥用职权、超越职权插手经济纠纷的，公安行政复议机关应当在作出不予受理决定之前，及时报上一级公安行政复议机关。

第二十九条 公安行政复议机构在审查行政复议申请时，对与申请行政复议的具体行政行为有利害关系的公民、法人或者其他组织，可以告知其作为第三人参加行政复议。

第三十条 公民、法人或者其他组织认为申请行政复议的具体行政行为与自己有利害关系的,可以向公安行政复议机关申请作为第三人参加行政复议。

第三十一条 与申请行政复议的具体行政行为有利害关系的公民、法人或者其他组织被告知参加行政复议或者申请参加行政复议被许可后,无正当理由不参加的,不影响行政复议进行。

第三十二条 申请人、第三人委托代理人代为参加行政复议的,应当向公安行政复议机构提交由委托人签名或者盖章的委托书,委托书应当载明委托事项和具体权限。

申请人、第三人解除或者变更委托的,应当书面通知公安行政复议机构。

第三十三条 公安行政复议机关因行政复议申请的受理发生争议,争议双方应当协商解决。协商不成的,由争议双方的共同上一级公安机关指定受理。

第三十四条 申请人依法提出行政复议申请,公安行政复议机关无正当理由拖延或者拒绝受理的,上级公安机关应当责令其受理。

第三十五条 上级公安机关责令下级公安机关受理行政复议申请的,应当制作《行政复议申请责令受理通知书》,送被责令机关,并通知申请人。

被责令受理行政复议申请的公安机关收到《行政复议申请责令受理通知书》,即视为受理;行政复议决定作出后,应当将《行政复议决定书》及时报送责令机关备案。

第三十六条 上级公安机关认为责令下级公安机关受理行政复议申请不利于合法、公正处理的,上级公安机关可以直接受理。

第五章 审 查

第三十七条 公安行政复议机构应当对被申请人作出的具体行

政行为的下列事项进行全面审查：

（一）主要事实是否清楚，证据是否确凿；

（二）适用依据是否正确；

（三）是否符合法定程序；

（四）是否超越或者滥用职权；

（五）是否存在明显不当；

（六）是否属于不履行法定职责。

第三十八条 公安行政复议机构在对本规定第三十七条规定的事项进行审查的同时，应当对下列事项进行审查：

（一）具体行政行为是否应当停止执行；

（二）是否需要通知第三人参加行政复议；

（三）是否需要提交公安行政复议机关集体讨论；

（四）是否需要当面听取当事人意见。

第三十九条 公安行政复议机构对行政处罚决定应当重点审查下列事项：

（一）被申请人是否具有法定职权；

（二）事实是否清楚，证据是否确凿；

（三）适用依据是否正确；

（四）量罚是否存在明显不当；

（五）是否符合法定程序。

第四十条 公安行政复议机构对行政强制措施决定应当重点审查下列事项：

（一）被申请人是否具有法定职权；

（二）是否符合法定条件；

（三）是否符合法定范围和期限；

（四）适用依据是否正确；

（五）是否符合法定程序。

第四十一条 公安行政复议机构对行政许可应当重点审查下列事项：

（一）许可事项是否属于被申请人的法定职责；

（二）不予许可理由是否正当；

（三）是否符合法定许可范围；

（四）是否符合法定程序。

第四十二条 公安行政复议机构对申请人认为被申请人不履行法定职责的行政复议案件，应当重点审查下列事项：

（一）是否属于被申请人的法定职责；

（二）被申请人是否明确表示拒绝履行或者不予答复；

（三）是否超过法定履行期限；

（四）被申请人提出不能在法定期限内履行或者不能及时履行的理由是否正当。

前款规定的不履行法定职责，是指被申请人对申请人依法提出的申请，应当在法定的期限或者相当的期限内履行其法定职责，而拒绝履行或者没有正当理由延迟履行。

被申请人已经实际履行，但因不可抗力或者非因被申请人自身原因没有继续履行必要或者致使履行不充分的，不属于不履行法定职责。

第四十三条 公安行政复议机关对行政复议法第二十六条、第二十七条中规定的"规定"、"依据"，应当从以下几个方面进行审查：

（一）是否与上位阶的规范性文件相抵触；

（二）是否与同位阶的规范性文件相矛盾；

（三）是否属于制定机关的法定职权范围。

第四十四条 公安行政复议机关依法有权对下列规范性文件进行审查：

（一）本级公安机关制定的规范性文件；

（二）下级公安机关制定的规范性文件。

第四十五条 公安行政复议机关对认定为不合法的规范性文件，按以下原则处理：

（一）属于本级公安机关制定的，应当在三十日内予以废止或者作出修订；

（二）属于下级公安机关制定的，应当在三十日内予以撤销或者责令下级公安机关在三十日内予以废止或者作出修订。

第四十六条 公安行政复议机构对行政复议中需审查的下列规范性文件，应当制作《规范性文件提请审查函》，按程序予以转送：

（一）公安行政复议机关的上级行政机关制定的规范性文件；

（二）公安行政复议机关无权处理的其他规范性文件。

第四十七条 规范性文件的转送，按以下规定办理：

（一）对上级行政机关制定的规范性文件，按程序转送至制定该规范性文件的机关；

（二）对与公安行政复议机关同级的其他行政机关或该行政机关的下级机关制定的规范性文件，转送至该行政机关。

第四十八条 对公安行政复议机关与其他行政机关联合制定的规范性文件，商联合制定规范性文件的行政机关办理。

第四十九条 依照行政复议法第二十六条、第二十七条对有关规范性文件作出处理的机关，应当将处理结论书面告知制定机关和公安行政复议机关。前款规定中的处理结论包括：

（一）规范性文件合法的，决定予以维持；

（二）规范性文件不合法的，根据情况，予以撤销或者废止，或者提出修订意见，并责令制定机关限期修订。

第五十条 规范性文件审查期间，公安行政复议机关应当中止对具体行政行为的审查，必要时可以决定停止具体行政行为的执行。

第五十一条 重大、复杂的行政复议案件，应当提交公安行政复议机关集体讨论。

前款所称重大、复杂的行政复议案件是指：

（一）涉及国家利益、公共利益以及有重大影响的案件；

（二）重大涉外或者涉及香港特别行政区、澳门特别行政区、台湾地区的案件；

（三）公安行政复议机构认为重大、复杂的其他行政复议案件。

第五十二条 有下列情形之一的，公安行政复议机构可以向有关组织和人员调查取证：

（一）申请人对案件主要事实有异议的；

（二）被申请人提供的证据相互矛盾的；

（三）申请人或者第三人提出新的证据，可能否定被申请人认定的案件主要事实的；

（四）其他需要调查取证的情形。

公安行政复议机构在行政复议过程中收集和补充的证据，不能作为公安行政复议机关维持原具体行政行为的根据。

第五十三条 行政复议原则上采取书面审查的办法，但是有下列情形之一的，公安行政复议机构可以当面听取申请人、被申请人和第三人的意见：

（一）当事人要求当面听取意见的；

（二）案情复杂，需要当事人当面说明情况的；

（三）涉及行政赔偿的；

（四）其他需要当面听取意见的情形。

当面听取意见,应当保障当事人平等陈述、质证和辩论的权利。

第五十四条　当面听取意见应当制作笔录并载明以下内容:

(一)时间、地点及办案人员姓名;

(二)申请人、被申请人、第三人的基本情况;

(三)案由;

(四)申请人、被申请人陈述的事实、理由、法律依据、各自的请求以及辩论的焦点;

(五)证人证言等证据材料。

当面听取意见笔录应当经参加人核实并签名或者捺指印。

第五十五条　被申请人在提交当初作出具体行政行为的证据、依据和其他有关材料的同时,应当以原作出具体行政行为的机关名义提出书面答复,载明下列主要内容:

(一)案件的基本情况;

(二)具体行政行为认定的事实和依据;

(三)对行政复议申请事项的意见;

(四)被申请人的请求。

第五十六条　在行政复议过程中,被申请人不得自行向申请人和其他组织或者个人收集证据。

有下列情形之一的,经公安行政复议机关准许,被申请人可以补充相关证据:

(一)在作出具体行政行为时已经收集证据,但因不可抗力等正当理由不能提供的;

(二)申请人或者第三人在行政复议过程中,提出了其在公安机关实施具体行政行为过程中没有提出的反驳理由或者证据的。

第五十七条　申请人、第三人对申请行政复议的具体行政行为的下列事实,应当提供相应证据材料:

（一）证明申请行政复议符合法定条件的，但被申请人认为申请人申请行政复议超过法定期限的除外；

（二）被申请人不履行法定职责的行政复议申请案件中，证明其已提出申请要求被申请人履行职责的；

（三）申请人在申请行政复议时一并提出的行政赔偿中，证明其因受具体行政行为侵害而造成损失的；

（四）其他应当提供证据材料的。

第五十八条 行政复议期间，申请人、被申请人、第三人对鉴定结论有异议的，可以依法进行重新鉴定。

第五十九条 申请人、第三人及其代理人参加行政复议的，可以查阅被申请人提出的书面答复、作出具体行政行为的证据、依据和其他有关材料，但涉及国家秘密、商业秘密或者个人隐私的除外。

申请人、第三人及其代理人需要查阅被申请人的答复及作出的具体行政行为的证据、依据和其他材料的，应当在行政复议决定作出前向公安行政复议机构提出。

第六十条 行政复议决定作出前，申请人要求撤回行政复议申请的，经说明理由，可以撤回。

公安行政复议机关允许申请人撤回行政复议申请后，申请人以同一事实和理由重新提出行政复议申请的，公安行政复议机关不予受理。

第六十一条 有下列情形之一的，不允许申请人撤回行政复议申请：

（一）撤回行政复议申请可能损害国家利益、公共利益或者他人合法权益的；

（二）撤回行政复议申请不是出于申请人自愿的；

（三）其他不允许撤回行政复议申请的情形。

第六十二条 行政复议期间,除行政复议法第二十六条、第二十七条规定外,有下列情形之一的,行政复议中止:

(一)申请人或者第三人死亡,需要等待其近亲属参加行政复议的;

(二)申请人或者第三人丧失行为能力,其代理人尚未确定的;

(三)作为申请人的法人或者其他组织终止后,其权利承继尚未确定的;

(四)申请人因公安机关作出具体行政行为的同一违法事实,被采取刑事强制措施的;

(五)申请人、被申请人或者第三人因不可抗力或者其他正当理由,不能参加行政复议的;

(六)需要等待鉴定结论的;

(七)案件涉及法律适用问题,需要请有关机关作出解释或者确认的;

(八)其他应当中止行政复议的情形。

行政复议中止的,公安行政复议机关应当制作《行政复议中止决定书》,送达申请人、第三人和被申请人。

行政复议中止的原因消除后,应当及时恢复行政复议。

第六十三条 行政复议期间,除行政复议法第二十五条规定外,有下列情形之一的,行政复议终止:

(一)被申请人撤销其作出的具体行政行为,且申请人依法撤回行政复议申请的;

(二)受理行政复议申请后,发现该申请不符合行政复议法规定的;

(三)申请行政复议的公民死亡而且没有近亲属,或者近亲属自愿放弃申请行政复议的;

（四）申请行政复议的法人或者其他组织终止后，没有承继其权利的法人或者其他组织，或者承继其权利的法人或者其他组织放弃申请行政复议的；

（五）申请人因公安机关作出具体行政行为的同一违法事实被判处刑罚的。

行政复议终止的，公安行政复议机关应当制作《行政复议终止通知书》，送达申请人、被申请人或者第三人。

第六十四条　具体行政行为需要停止执行的，公安行政复议机关应当制作《具体行政行为决定停止执行通知书》，送达被申请人，并告知申请人和第三人。

第六章　决　　定

第六十五条　有下列情形之一的，应当决定被申请人在一定期限内履行法定职责：

（一）属于被申请人的法定职责，被申请人明确表示拒绝履行或者不予答复的；

（二）属于被申请人的法定职责，并有法定履行时限，被申请人逾期未履行或者未予答复的。

对没有规定法定履行期限的，公安行政复议机关可以根据案件的具体情况和履行的实际可能确定履行的期限或者责令其采取相应措施。

第六十六条　有下列情形之一的，应当确认该具体行政行为违法：

（一）被申请人不履行法定职责，但决定其履行法定职责已无实际意义的；

（二）具体行政行为不具有可撤销、变更内容的；

（三）具体行政行为依法不能成立或者无效的。

第六十七条 公安行政复议机关决定撤销具体行政行为或者确认具体行政行为违法，并责令被申请人重新作出具体行政行为，必要时可以一并限定重新作出具体行政行为的期限；限定重新作出具体行政行为的期限最长不超过六十日。

被申请人重新作出具体行政行为，应当书面报公安行政复议机关备案。

公民、法人或者其他组织对重新作出的具体行政行为不服，可以依法申请行政复议或者提起行政诉讼。

第六十八条 有下列情形之一的，应当认定该具体行政行为适用依据错误：

（一）适用的依据已经失效、废止的；

（二）适用的依据尚未生效的；

（三）适用的依据不当的；

（四）其他适用依据错误的情形。

第六十九条 有下列情形之一的，应当认定该具体行政行为违反法定程序：

（一）依法应当回避而未回避的；

（二）在作出行政处罚决定之前，没有依法履行告知义务的；

（三）拒绝听取当事人陈述、申辩的；

（四）应当听证而未听证的；

（五）其他违反法律、法规、规章规定程序的情形。

第七十条 有下列情形之一的，应当认定该具体行政行为超越职权：

（一）超越地域管辖范围的；

（二）超越执法权限的；

（三）其他超越职权的情形。

第七十一条　被申请人在法定职权范围内故意作出不适当的具体行政行为，侵犯申请人合法权益的，可以认定该具体行政行为滥用职权。

第七十二条　被申请人作出的具体行政行为与其他同类性质、情节的具体行政行为存在明显差别的，公安行政复议机关可以认定该具体行政行为明显不当。

第七十三条　公安行政复议机关对情况复杂，不能在规定期限内作出行政复议决定，需要延长行政复议期限的案件，应当制作《行政复议期限延长通知书》，送达申请人和被申请人。

前款规定中的情况复杂包括：

（一）需要对申请人、第三人在行政复议过程中提出的新的证据重新鉴定、勘验或补充，不能在法定的行政复议期限内办结的；

（二）需要对被申请人作出的具体行政行为所认定的事实作进一步的调查核实，或者申请人、第三人要求作进一步的调查核实，不能在法定的行政复议期限内调查核实完毕的；

（三）行政复议案件涉及较多的当事人、不同地区，不能在法定的行政复议期限内办结的；

（四）其他不能在法定的行政复议期限内作出行政复议决定的复杂情况。

第七十四条　公安行政复议机关作出行政复议决定，应当制作《行政复议决定书》，载明以下内容：

（一）申请人、第三人及其代理人的姓名、性别、年龄、职业、住址等，法人或者其他组织的名称、地址、法定代表人等；

（二）被申请人的名称、住址、法定代表人等；

（三）申请人的行政复议请求；

（四）申请人提出的事实和理由；

（五）被申请人答复的事实和理由；

（六）公安行政复议机关认定的事实、理由和适用的依据；

（七）行政复议结论；

（八）不服行政复议决定向人民法院提起行政诉讼的期限，或者最终裁决的履行期限；

（九）作出行政复议决定的日期。

《行政复议决定书》应当加盖公安行政复议机关印章或者公安行政复议专用章。

第七章　附　　则

第七十五条　公安机关建立公安行政复议决定书备案制度。

第七十六条　本规定中的送达，包括直接送达、留置送达、邮寄送达和公告送达。

送达有关法律文书，应当使用《送达回执》。

通过邮寄送达的，应当使用挂号信。

第七十七条　本规定自 2003 年 1 月 1 日起实施。本规定发布前公安部制定的有关规定与本规定不一致的，以本规定为准。

附录二 《中华人民共和国行政复议法》新旧对照[1]

---

[1] 请扫描本页二维码，免费、便捷地查阅。